La révolution que l'on attendait est arrivée

Collection *Monde en cours*

www.editionsdelaube.com

ISBN 978-2-8159-4364-2

Jean Viard

La révolution que l'on attendait est arrivée

Le réenchantement du territoire

éditions de l'aube
fondation jean-jaurès

« La vie ce n'est pas d'attendre que les orages passent, c'est d'apprendre à danser sous la pluie. »

SÉNÈQUE

« À la guerre, qui est une forme intense de l'existence, le hasard écarte tous les voiles et déguisements [...]. »

WINSTON CHURCHILL,
Réflexions et aventures, 1932

Introduction

Nous avons changé de monde. Brutalement. Nous avons dû mener un combat immense, planétaire, commun, réinventer des frontières, étaler nos compétences et nos incompétences, nos peurs, nos souffrances, nos deuils. Nous avons dû penser chacun tout seul, vivre sans nos amis, parfois sans nos amours, réévaluer nos vies. Nous nous sommes battus, fort, partout, à coups de contraintes, de restrictions, à coups de milliards aussi, de savants, d'avions de transport, d'enfermements et de sourires cachés. Nous avons sauvé des millions, des dizaines de millions de vies. La science à nouveau fut le propre de l'humain. Sa force. Mais nous ne sortons pas tous semblables de ce terrible passage, pas sans bosses. Les uns sont plus pauvres, ont moins confiance en eux, les vieux sont devenus très vieux. D'autres ont fait des économies, certaines entreprises se sont enrichies – GAFAM, laboratoires médicaux, transporteurs, agriculteurs de proximité, vendeurs de piscines, de vélos, de voitures électriques, de matelas, d'ordinateurs portables, aménageurs de la maison, marchands de guitares… –, même le nucléaire est redevenu populaire, tellement nous avons peur du réchauffement climatique. Bien sûr, d'autres entreprises sont en survie artificielle, certaines se restaurent pour redémarrer…

Ce livre est une ouverture sur le futur. Je sais les nouveaux pauvres et les anciens pauvres encore appauvris. Les violences faites aux femmes massivement renvoyées à la sphère maternelle, à la cuisine, et au télétravail à côté de l'évier pour celles d'entre elles qui n'ont pas continué à travailler hors de la maison. Je sais les jeunes filles qui ne retourneront jamais à l'école, les jeunes qui ont décroché, l'année blanche que nous pensons avoir vécue, les souffrances et les deuils. Mais je sais aussi que demain la vie reprendra. Il faut tendre aujourd'hui la main à demain. Ouvrir nos esprits et lancer des initiatives. C'est maintenant que nous devons impérativement préparer le futur. Y croire. Pour que tout ne soit pas comme hier, en plus gris et en plus triste. Il n'y a pas de coupable dans cette affaire. Le virus est une cause seulement indirecte de notre situation. Ne jouons pas aux victimes. Reconstruisons. Accompagnons le changement. Car nul ne sait déjà comment l'histoire humaine va être bouleversée par un confinement pratiqué simultanément par cinq milliards d'humains. Inouï. Ne pas le jouer petit bras.

Nous vivons une tragédie qui nous fait grandir, nous rassemble, et la sortie de la pandémie va être, comme en 1920 ou en 1945, ou même après Mai 68, une immense vague de désir, d'innovation, de transformation, de création, de demande de protection également, d'amour, de révolte, de révolution. La société et le monde, et chacun d'entre nous, se sont autoréformés. Les cartes ont envahi nos écrans, les départs de la ville sont impressionnants, la question du dérèglement climatique est partout. Et si, grâce à cette pandémie, après un siècle de départs vers la ville et de lutte des classes, on assistait au grand retour des territoires et des lieux, de l'unicité des individus et du sens de la vie ? Oh, je sais les tristes figures qui vont peupler les plateaux de télévision et se poser en victimes. Souvent à la place des vraies victimes qui, elles, se battent en silence pour avancer. La culture des réseaux et de l'information en continu porte aux nues chaque malheur et nous éloigne de toute compréhension, de toute construction. Là doit être la résistance première.

Alors, affirmons que durant la Grande Pandémie nous avons changé. Chacun, et tous ensemble. L'expérience fut tragique et extraordinaire. Familiale, locale, nationale, continentale et planétaire. Des humains unis dans un même combat, une même incertitude. Masque, assignation à résidence, confinement, local, télétravail, frontières, fermeture des limites de l'Union, firent bouclier. Dans une immense cohorte humaine unie par les médias, les médecins et les sciences. La France fit corps, l'Europe fit corps, le monde fit corps. Les familles firent corps autour de leurs anciens.

Nous avons tous changé. Comme après une forte fièvre ou une maladie grave. Le monde est pourtant encore là. En ouvrant les volets, on retrouve l'horizon connu. Mais le fond de l'air n'est plus le même. La hiérarchie de l'importance des choses et des métiers a été comme bousculée. Soixante-dix ans est devenu l'âge de la vieillesse, celle du danger. Les jeunes se sont mis aux maraudes, il n'y a plus de voyageurs dans les rues, des cyclistes pédalent en tout sens. Les poches de l'État sont apparues sans fond. Plus on y puise, moins la dette coûte ! Un monde à l'envers ! Les débats politiques ne paraissent plus que mises en scène de piètre qualité. Un homme seul nous dirige et régule nos vies, intimes ou publiques. Des mots nouveaux sont apparus : Covid-19, confinement, commerce essentiel, ARN messager. Nous sommes noyés d'informations nous disant qu'on ne sait pas. Qu'il faut apprendre l'imprévisible, l'aléatoire. On décide à vue.

La science a fait des pas de géant. Deux cent soixante laboratoires ont travaillé en parallèle. Des centaines de milliards ont été engagés. La science a repris sa place historique de porteuse de progrès et de soins. Les blouses blanches sont sous les feux de la rampe. Nous vécûmes des moments inédits. Et impensés. Nous fûmes enfermés chez nous. Seuls ou en famille. Payés à ne pas travailler ou à travailler quand on voulait. L'amour à la sieste imposa de travailler le soir. Il n'y eut plus d'horaire pour envoyer des mails. Les petites mains populaires firent tourner les sociétés. Revanche des caissières et des livreurs, des paysans, des soignants… Les étudiants, les jeunes, travailleurs ou non, déprimèrent lentement. 51 % des usagers des Restos du cœur (les seuls ouverts !) avaient moins de 26 ans[1]. On grossit, ou on maigrit. Ce fut selon. L'actualité domina notre quotidien, on voulait comprendre, partager la peur et le désarroi. Nos amis avaient disparu. On hibernait. Surinformés, rivés à nos écrans. On se durcissait le cuir. Dans la douleur.

Les États pilotaient à vue, mais ils pilotaient. Se comparaient. L'Europe s'affirmait, puis s'affichait bureaucratique, apeurée par le risque. Peu à peu, malgré les critiques déferlant de tous les savants récents en matière de virus et de pandémie, la confiance crût chez les jeunes et dans les milieux populaires. Hier abandonnés au grand vent soi-disant incontournable de la mondialisation, ils se retrouvaient protégés par des règles, des masques, des horaires, des vaccins, des frontières.

1. Restos du cœur : un bénéficiaire sur deux a moins de 25 ans, *Lci.fr*, 6 mars 2021. Les références sont développées en fin d'ouvrage.

La France et le monde étaient pour ainsi dire revenus à l'époque du gaullisme. Quelqu'un gouvernait. Bien sûr, les milieux aisés, qui avaient appris à se protéger eux-mêmes avec leurs diplômes et leurs réseaux, protestaient, regrettant les libertés perdues. Et les régimes autoritaires en ont profité pour restreindre encore un peu plus les dernières libertés. Mais, dans nos démocraties, les cris d'orfraie ne furent que la toile de fond de nos écrans. Demain, bien sûr, il faudra être attentifs, car on garde facilement les mauvaises habitudes…

Tous les jours, quand on annonçait le nombre de décès dû au Covid-19, je multipliais le chiffre par 10 pour avoir une idée du nombre de vies sauvées. Et si nous n'avions rien fait, en réalité, le nombre de victimes aurait été plus considérable dans certains pays ou territoires – sans doute les plus pauvres –, dans certains métiers, dans certaines tranches d'âge, et plutôt chez les hommes. La France et l'Europe en auraient eu moins. Mais c'est un bon ordre de grandeur par comparaison à la grippe dite espagnole qui prit de cinquante millions à cent millions de vies dans une humanité deux fois moins nombreuse et beaucoup moins mobile. Réjouissons-nous que la vie humaine ne soit plus une variable d'ajustement mais soit devenue, pour le monde entier, une valeur cardinale.

Ce livre va tenter d'éclairer la force nouvelle des mutations qui étaient déjà là – disons : #MeToo, Greta Thunberg, les refus de la mondialisation, les désirs de jardin et de ville moyenne, la volonté de proximité, le désir de projets d'avenir, et une recherche de « faire France » qui était égarée dans une société d'archipel apeurée. Une immense vague de bouleversements est en train de naître dans le cerveau confiné de chacun d'entre nous, dans la société et dans le monde. Ceux qui l'auront anticipée sauront l'aborder comme un surfeur bien positionné. Le risque est fort que les autres tombent à l'eau.

Une chose essentielle que nous avons apprise sans nous en rendre compte, c'est qu'un petit virus, au départ unique, a en quelques semaines été transporté par des corps humains partout sur la planète. Jamais nous n'avions tant senti que l'humanité fait instantanément corps. Que le global, le planétaire, est devenu un partenaire pour chacun d'entre nous, en chaque « local », ébranlant les anciennes appartenances et frontières. Avec des intensités différentes suivant les voies du voyage et du commerce. D'autres virus, bien sûr, ont frappé l'humanité au cours de l'histoire, mais jamais en se répandant avec une telle vitesse et avec un tel niveau d'informations croisées. Certaines pandémies, même la grippe espagnole, sont passées quasiment inaperçues, car l'humanité n'était pas encore réunifiée. Leçon majeure de cette pandémie-ci.

Mais ce que nous avons appris aussi, à l'intérieur de chaque pays, c'est la profonde diversité des territoires et des pratiques sociales. Jour après jour, en France, des cartes déconstruisaient le mythe millénaire de la France unique. La pandémie s'arrêtait devant certaines montagnes, se libérait dans les métropoles, s'allégeait le long de la façade atlantique. Les récents élus marseillais, régulièrement, « en appelaient » solennellement à l'État. La Mairie de Paris voulait, puis ne voulait plus, un confinement de trois semaines pour « tout résoudre ». L'État tint la barre, lâchant parfois le foc de manière intempestive ; les régions s'affirmèrent en ordonnateurs locaux responsables, coordonnant pour la première fois dans l'histoire de la République les départements et les métropoles. Les élus municipaux furent parfois excellents, empathiques et efficaces. D'autres fois, absents.

Les Français, eux, cherchaient désespérément de l'air, de la nature, du vert et de l'eau, et d'autres personnes à croiser et avec qui « se blaguer ». Des centaines de milliers d'entre eux quittèrent les villes pour un moment, ou pour toujours. Les prix des logements stagnèrent ou baissèrent à Paris, à Lyon, à Marseille, et progressèrent en province. L'investissement sur l'aménagement de la maison augmenta de 30 %[1]. Les jardins revinrent à

---

1. Carolina Tomaz, Quelle maison pour demain ? À l'ère du Covid, de nouvelles valeurs, *Ladn.eu*, 11 décembre 2020.

la mode, les lotissements aussi. Les ménages épargnèrent près de 200 milliards d'euros[1]. Les files s'allongèrent devant les distributions de nourriture. Les entreprises reçurent plus de 130 milliards de prêts publics pour tenir[2], 9 millions de salariés furent mis au chômage partiel… En gros, tout fut sens dessus dessous, les dépressions crûrent, les violences conjugales aussi, mais on traversa la tourmente avec des pertes, comme disent les militaires, « mesurées ».

Mais il nous faut anticiper que, comme après chaque immense tragédie, cette pandémie va induire une forte rupture, d'abord culturelle, qui va accélérer des tendances déjà là et en révéler d'autres dont nous n'avons même pas encore idée. L'écologie, le numérique, la décentralisation, le sens de la vie, le respect de l'intime, le comment on a envie d'habiter, le « est-ce qu'on va supporter les gens qui sont là et qui font toujours les mêmes discours »… : on va vers une période qui peut être de changement des attentes, de conflits, de révolutions.

---

1. Béatrice Madeline, Épargne : un surplus de 200 milliards d'euros d'ici à fin 2021, *Lemonde.fr*, 10 mars 2021.
2. Prêts garantis par l'État [PGE] : 130 milliards d'euros ont été distribués aux entreprises en 2020, *Lopinion.fr*, 26 décembre 2020.

Faisons extrêmement attention à ne pas penser, demain, le territoire, la vie et la ville, les corps, le monde et la nature comme on les pensait hier. Pour l'instant, on vit au présent, avec la maladie, la peur, l'envie de sortir, mais ensuite, on va penser la puissante transformation que le monde a vécue en jetant autant de Terriens, au même moment, dans le même combat. Ce qui n'était jamais arrivé dans l'histoire humaine. Qu'allons-nous avoir ensuite ? Je crois qu'il faut que nous soyons très, très ouverts aux pressions très rapides qui vont bouleverser les sociétés. Y compris aux écarts de richesse, et d'avenir, qui vont se renforcer et qui risquent de nous mener à des affrontements destructeurs bien plus violents que ce que nous avons connu avec les Gilets jaunes.

La pandémie nous a enracinés à nos lieux comme des truffes à leurs truffières. Nous avons tourné en rond autour de chez nous, visité notre région, sur-fréquenté notre famille proche, roulé en voiture ou à vélo par sécurité, délaissant métro, train et avion. Surtout, nous avons vécu en couple très intime avec nos écrans, nos conjoints et nos enfants. Le réel est devenu film, série. Macron, « saison deux », Véran « belle épaule »..., mais tout en surveillant la moindre de nos (rares) blagues par peur de la *cancel culture*. La période a vu l'intimité mise en scène, la passion des lieux, la quête du proche et de la livraison (plus de 21 millions de Français ont utilisé Amazon en 2020[1]), les rêves de tiers-lieux, Camille Kouchner[2] plus lue que le rapport de Benjamin Stora[3], un prix Goncourt[4] qui explose, aidé par les commandes numériques. Et nos régions sont devenues notre quotidien grâce à TousAntiCovid.

Cette pandémie nous a relocalisés et identifiés individuellement, là où, depuis la révolution industrielle, nous étions d'abord d'une classe et d'un destin collectif. Nous allons en sortir pour mener la guerre au réchauffement climatique tous ensemble, galvanisés par cette crise-ci.

Partant, le sens du temps qu'il nous reste à vivre, le lieu où le vivre, la gestion politique du local et des régions, la surface d'un État enfin alerte, de l'Europe, tout cela va être porté par la révolution intérieure et culturelle où nous sommes entraînés. Telle la génération qui a dû faire vingt-quatre mois dans les Aurès, ou tel un

1. Quel est le poids d'Amazon en France ?, *Capital.fr*, 3 novembre 2020.
2. Camille Kouchner, *La familia grande*, Paris, Seuil, 2021.
3. Benjamin Stora, *Les questions mémorielles portant sur la colonisation et la guerre d'Algérie*, rapport au président de la République, 20 janvier 2021, disponible en ligne.
4. Hervé Le Tellier, *L'anomalie*, Paris, Gallimard, 2020.

croyant revenant d'un long retirement au couvent ou en ashram, nous allons être saisis d'une frénésie de vivre. Mais méditative. Angoissée.

C'est pourquoi, au milieu des difficultés du présent, il faut savoir voir, et annoncer, que la révolution que l'on attendait est arrivée. Nous sommes en train de nous arracher des sociétés industrielles et post-industielles pour basculer dans des sociétés numériques et écologiques. La vie, y compris celle de la nature, a repris le pas sur la matière transformée et l'objet, sur la connaissance et la communication, même. La question est de se demander si les immenses apports de la période précédente nous ont amenés là où nous pourrons trouver des solutions pour cette époque nouvelle. Nous constatons comme acquis le plus important : la rupture culturelle et mentale dont nous avions besoin. Reste à en faire une force. Ce n'est pas joué. Surtout si nous voulons être gouvernés par l'humanisme, la tolérance, le sens du travail et la recherche d'égalité.

Ce livre prolonge l'engagement que j'ai pris, début 2020, de tenter d'éclairer les changements en cours, d'ouvrir des perspectives tous les jours dans les médias, France Info en particulier, et la presse écrite. Comme éditeur aussi. J'ai pensé que c'était ma responsabilité d'intellectuel. Essayer un optimisme raisonnable. Lutter contre les peurs, relativiser les tragédies, réespérer l'avenir. Car il y aura un avenir pour les survivants. Les autres devant être honorés et respectés.

Après *La Page blanche*[1], qui, il y a près d'un an, tentait de rendre compte de la sidération que nous avions éprouvée et des ruptures avec le monde d'hier qui s'enclenchaient, ce livre-ci propose une suite et des outils. Nos modes de pensée étaient déjà périmés, nous le sentions, mais nous n'avions pas été suffisamment révolutionnés par l'affrontement à un réel nouveau pour être ouverts à une nouvelle approche. Mais, bien sûr, « le réel, c'est quand on se cogne », comme le disait Jacques Lacan[2]. Une formule que j'adore. Là, nous nous sommes cognés durement. Aujourd'hui, il est temps de préparer demain. Nous sommes au cœur d'une vague qui va nous entraîner. Une vague économique, géostratégique, sociale, culturelle, qui renouvelle celles de 1920, de 1945, de 1968. Mais sans doute pour une inflexion plus forte encore de la trajectoire du monde,

---

1. Jean Viard, *La page blanche*, La Tour d'Aigues, l'Aube, 2020.
2. « Il n'y a pas d'autre définition possible du réel que : c'est l'impossible ; quand quelque chose se trouve caractérisé de l'impossible, c'est là seulement le réel ; quand on se cogne, le réel, c'est l'impossible à pénétrer. » Jacques Lacan, Conférence au Massachusetts Institute of Technology (2 décembre 1975), parue dans *Scilicet*, 1975, n° 6-7, p. 53-63.

car il s'agit de passer d'une civilisation post-industrielle mondialisée à une civilisation écolo-numérico-planétaire, ainsi que le dirait mon cher maître Edgar Morin, à qui ce livre est bien évidemment dédié.

1
La société autoréformée

Avant cette pandémie, on était dans une société de faible confiance, de rejet des institutions, d'abstention démocratique. On voyait croître les métropoles avec le sentiment qu'elles pompaient l'argent des provinces[1]. On était dans une immense crise du futur, exprimée en particulier par la poussée du populisme et le recul de la natalité. Les élections n'attiraient plus le chaland, l'illibéralisme gagnait, les pensées radicales aussi, les haines débridées s'exprimaient au grand jour, même si une partie de la jeunesse, des dames et de la société se défendait avec #MeToo, Greta Thunberg, les ZAD… On s'engageait souvent, mais pour des causes précises et des durées ponctuelles. La politique était décriée, méprisée. La société post-industrielle et ses systèmes politiques se défaisaient sous nos yeux, abandonnant les milieux populaires, les restes du monde ouvrier, à des destins sur

1. Laurent Davezies, *L'État a toujours soutenu ses territoires*, Paris, Seuil, 2021.

lesquels ils avaient peu de prise. Les mieux dotés dessinaient leur vie à coups d'études longues et de réseaux musclés. Hier encore, les responsables successifs poussaient sans cesse à la réforme. Plus de libéralisme, plus ou moins de mondialisation, plus de numérique, plus de parité, plus d'écologie…, plus de droite, plus de gauche… La réforme dirigeait, et les peuples s'affolaient. Car ce qu'ils voyaient, eux, c'était la perte de leur emploi et l'incertitude sur leur identité, de travailleur, de femme, d'homme, de Français, de Marseillais, de famille, d'immigrant, de propriétaire, de retraité…

Puis vint la Grande Pandémie. Le monde s'arrêta. Pour la première fois dans l'Histoire, l'humanité mena combat contre un ennemi commun. Ce fut gigantesque ! Un combat, de surcroît, que l'on peut qualifier de victorieux. Avec, certes, des millions de morts et de malades, mais qui sauva sans doute de cinquante à cent millions de vies. En faisant le choix de casser l'économie pour « sauver les vieux », pourtant improductifs, ce qui est extraordinaire. On impute généralement à Hitler, à Staline, cinquante millions de morts. Même ordre de grandeur, là. Mais inversé ! Victoire historique, donc.

Comme après chaque victoire, même difficilement arrachée, les sociétés changent ; les hiérarchies sont bousculées ; les imaginaires, secoués. Cela vaudra pour cette Grande Crise pandémique comme pour les ruptures précédentes. Il n'y a pas de raison. Nous sommes désormais dans une autre époque. Un début de nouvelle datation de l'histoire, une réévaluation des rapports de force. Nous avons recréé les protections que les sociétés cherchaient. Certes dans un champ imprévu, la santé. Mais le sentiment d'être protégé est revenu. La confiance dans le pouvoir progresse. Même en France. Nous avons dû réinventer le rôle des pouvoirs politiques. Créer un conseil des sages scientifique, mettre en avant le ministre de la Santé… Et sur le plan supérieur, entre l'humanité et la nature, la science a tendu un premier filet à une vitesse incroyable. Il y aura des désillusions. Il y aura encore des deuils et des souffrances. Il faudra sans doute des rappels de vaccin et des contraintes. Mais frontières et coopération ont été réorganisées, avec des tâtonnements, des erreurs et des corrections, mais aussi avec une rapidité et une efficacité admirables. La leçon ne devrait pas être perdue. Le monde économique sans frontières comme but unique a, je crois, vécu pour longtemps.

Si on accepte de penser ce virus comme un détonateur écologique, une escarmouche entre une humanité trop conquérante et une nature réduite, limitée, concentrée, on peut affirmer que, demain, on s'affrontera à l'intérieur d'un nouveau commun qui sera la lutte contre le changement climatique. Certains seront pour une écologie d'investissement capitaliste, de croissance, de développement; d'autres, pour une écologie de décroissance; mais on sera sur la même toile de fond, le même enjeu civilisationnel. Et ceux qui auront survécu à la crise actuelle auront augmenté leurs chances de vivre dans un monde qui saura gagner la bataille contre le réchauffement climatique. Ce n'est pas rien. Cela fonde un nouveau commun.

Le retour d'un commun

Ce retour d'un commun – cette fois-ci planétaire, et simultanément – ouvre une nouvelle époque, comme la révolution industrielle l'avait fait au XIXe siècle. Mais, alors, seulement pour une part de l'humanité. Aujourd'hui, nous sommes tous acteurs dans le même temps planétaire. Certes, comme il y a deux siècles, quand on s'est mis progressivement à partager l'idée de progrès, il y aura affrontements et concurrences sur le choix du chemin et le partage des contraintes et des bénéfices. Mais c'est justement cela qui permettra de recréer un champ politique commun, par la dialectique des affrontements. Nous serons tous d'accord sur la nécessité que l'humanité maîtrise le réchauffement climatique, mais pas d'accord sur la façon de le faire. Nous sommes ainsi sortis du chemin unique qui fut l'orientation destructrice des sociétés communistes, puis des sociétés capitalistes, après leur effondrement. C'est la grande prévision contenue dans les textes politiques de Václav Havel.

Michel Rocard aurait aimé cette période. Les soignants ont mis l'hôpital quasiment en autogestion, les enseignants se sont saisis de leur ordinateur portable, les caissières et les livreurs, les éboueurs, ont été respectés et valorisés, les jeunes couples ont vécu une année de noces, les régions ont pris la main sur les autres cadres politiques, les musiciens, les écrivains, ont vu croître les flots de leur inspiration, les bureaucrates ont senti passer le vent de leur semi-utilité, les télétravailleurs ont pu mettre les pieds sur le bureau et découvrir la sieste. La science a avancé à pas de géant. L'État a sorti son carnet de chèques, des centaines de milliards ont été déversés sur les salariés et les entreprises. Nous sommes usés, déprimés, les faillites menacent, mais nous n'avons perdu, en France, que 0,6 année d'espérance de vie, que les progrès prévisibles des vaccins vont très vitc rattraper[1]. La situation fut plus dure aux USA, où les hommes perdirent plus de deux années d'espérance de vie[2].

Par ailleurs, nous avons beaucoup appris. Une nouvelle utilisation du numérique, bien sûr, une mise en cause radicale des conséquences

---

1. Hervé Le Bras, La crainte engendrée par le Covid semble en relation inverse de sa létalité, *Le Monde*, 9 février 2021.
2. Covid-19, aux États-Unis, l'espérance de vie a chuté d'un an au premier semestre 2020, *Le Monde.fr*, 18 février 2021.

négatives de l'action de l'homme sur la nature, une culture du confort de la livraison jointe à une culture du local, en fait, complémentaires – y compris la livraison du travail à domicile, si l'on peut dire –, l'importance de l'école comme lieu de vie des enfants, les blocages d'une bureaucratie d'État très parisienne (qui vient enfin de tuer l'ENA !) mais aussi très bruxelloise, l'extraordinaire besoin que nous avons des autres, même anonymes… Nous avons peut-être surtout appris que la géographie est beaucoup plus structurante que nous ne le pensions. À l'échelle mondiale, où l'absurdité de certaines dépendances à l'Asie est apparue au grand jour, mais aussi aux échelles européenne, française et locale. La légitimité politique des chaînes de valeur a été mise à mal, ainsi que l'expression permanente de moyennes statistiques, soi-disant explicatives.

Nous avons découvert que l'humanité pouvait coopérer. En même temps, nous avons retrouvé l'usage des limites, des frontières – de notre sourire, du logement, du travail, du local, de la nation, de l'Europe… Coopération et frontières devraient être les deux forces de demain. Leur alliance peut nous sauver. Avec la science. Ne pas oublier la science et le numérique. Depuis quarante ans, l'économie était souveraine. Changement de paradigme. En outre, ce virus accélère le repositionnement de l'humain dans la nature comme espèce parmi les espèces. La grande bataille contre le réchauffement climatique peut donc commencer. Elle sera scientifique, numérique. Et éthique.

Nous avons considérablement changé depuis l'année dernière : *la rupture que l'on attendait est arrivée*. Je crois que l'on peut écrire cela. La montée des populismes était création, au sein des démocraties, d'une force de refus d'un monde non protecteur, et affirmation d'un désir de rupture violent, incontrôlé et incontrôlable. Donald Trump ne l'a que trop illustré. C'est pourquoi cela ne sert à rien de débattre des non-projets des partis populistes ou de leurs projets machistes et nationalistes. Ils sont refuges face au désarroi, parapluies face à une mondialisation économique monopilotée. La couleur de la poubelle n'influence pas la qualité du tri sélectif.

Mais on a vu en 2020 qu'on pouvait changer quand on était bousculé, non par un pouvoir autoritaire ou une guerre, mais par une pandémie. On a vu qu'on pouvait vivre quasiment sans consommer, qu'on pouvait suivre les consignes – même celles du président Macron, qui n'est pas aimé de tous les Français, mais que la très grande majorité écoute. On se rend bien compte que la citoyenneté est en train de grincer par rapport à la consommation, ça bouge, ça se déplace, et cela nous montre qu'on peut changer individuellement, et tous ensemble.

La bataille pour la survie de l'humanité a commencé

C'est la première fois que l'humanité, en commun, se bat pour sa survie. Et si elle l'a fait une fois, elle peut le refaire. Pas de la même manière : on ne va pas s'enfermer chez soi pour lutter contre le réchauffement climatique. Mais cette expérience nous a montré que nous pouvons profondément modifier nos comportements, si des règles sont posées et si nous savons où nous allons. C'est en cela que la pandémie est un « détonateur écologique ». Elle est le détonateur de l'action pour les décennies à venir.

Les familles se sont souvent ressoudées. Retrouvées. La famille est redevenue tendance. En partie pour le vécu à nouveau partagé, en partie par le sentiment de son absence. Un certain nombre d'étudiants rentrèrent chez leurs parents. Cette génération blessée devrait être combative, serviable. Mais elle a un besoin infini d'une politique pour la jeunesse ! C'est pourquoi j'avais écrit en 2019 *Un nouvel âge jeune ?*[1]. Il faut repenser la jeunesse, une très longue jeunesse. Même si la souffrance d'une fraction de la jeunesse, isolée, ne peut se comparer à celle de la jeunesse qui a vécu 14-18 ou 39-45, ni à celle du million et demi d'appelés

1. Jean Viard, *Un nouvel âge jeune ?*, La Tour d'Aigues, l'Aube, 2019.

durant vingt-quatre mois, pendant la guerre d'Algérie (1956-1962). Ce n'est plus, il est vrai, la même jeunesse : l'âge jeune est plus long ; les liens, plus numériques ; les mobilités, plus grandes. Mais il y a une forme d'indécence à écrire, comme le fait l'UNEF : « Face à la jeunesse qui meurt, le gouvernement doit prendre ses responsabilités. » Que la question des personnes isolées, en particulier des jeunes, ait été sous-estimée par un système de pensée bipolaire circulant entre santé et économie, c'est certain. Il fallait réagir, mais utilisons d'autres arguments ! Cette société victimaire est insupportable. Les jeunes ont besoin d'un soutien plus intelligent, certes, plus fort, mais eux aussi ont beaucoup appris de cette aventure pandémique et ils vont y trouver un sens à leur vie.

Donc, télescopage des générations et immenses phénomènes de solidarité : des jeunes ont été fantastiques, ils se sont hyperprotégés pour préserver les plus âgés, ils ont remplacé au pied levé les retraités qui agissaient dans des associations de solidarité. C'est une force. Dans les milieux les plus populaires, ça s'est relativement bien passé (plutôt mieux qu'en période normale), car ce sont les familles qui gardent le plus leurs anciens à la maison. Les jeunes ont protégé leurs propres grands-mères, notamment chez les familles issues de l'immigration. Dans les maisons de retraite, il n'y a quasiment pas de population immigrée (parce qu'elles sont hors de prix pour elle, parce qu'une partie des personnes âgées finissent leur vie en Afrique et parce qu'elles ont un rapport à la famille extrêmement fort). Nous étions aussi dans une société où le couple était déjà en transformation : 60 % des enfants naissent hors mariage, 30 % des ménages sont recomposés, 50 % des mariages se défont avant cinq ans à Paris… La pandémie va accélérer ces phénomènes. Beaucoup de couples ont été transformés par cet enfermement : certains ont pu construire (y compris avec les enfants), certains vont se séparer – si ce n'est déjà fait. Dix pour cent des habitants de Wuhan se sont séparés. Généralement, on considère qu'il faut deux à trois ans pour voir tous les effets d'une crise de cette nature – séparations, faillites, licenciements, suicides, déménagements…

Jeunes ou moins jeunes, anciens même, nous nous sommes tous interrogés sur le sens de notre existence, sur nos choix de vie, sur notre travail. D'après Jérémie Fourquet, de l'Ifop, 10 % des Français ont déclaré, début 2021, avoir l'intention de changer de vie. On est dans une société totalement glissante. 10 % des Français, cela représente 4,5 millions d'adultes, de tous les milieux, âges, sexes, catégories sociales, et de manière homogène, qui disent vouloir changer de vie. Ils ne le feront pas tous, mais ils le désirent tous. C'est un mouvement puissant. Le rapport au territoire, le rapport au travail, vont être secoués. Quel est le sens de ce que je fais ? Que faire devant les licenciements, les faillites, les démissions ? Que faire des soins de l'intime, qui deviennent chaque jour une valeur de plus en plus forte ? Comment protéger, aider à rebondir ? Faire force ? Et tant d'autres questions. Ne pas y voir que le côté négatif : il y a là une puissance de changement, une prise de risque nécessaire, une sortie d'une logique de précaution qui emprisonne. La pandémie a augmenté le désir de mobilité.

Il ne faut pas oublier qu'on était dans une société de discontinuité. Je déménage. Je me sépare. Il y a des moments où je suis tout seul, je suis triste, je veux peut-être aller aux Restos du cœur servir pendant un an, deux ans. Cela va « me » faire du bien, je rencontrerai des personnes en difficulté, je les aiderai. Puis je reconstruis une relation de couple, je retrouve un travail… et je disparais de l'entraide sociale. Lors d'une intervention à l'assemblée générale de la Croix-Rouge, je leur ai dit : « Faites attention, le “service du bien” aujourd'hui, ce n'est pas du premier jour de la vie au dernier. Vous, vous êtes là depuis cinquante ans, mais il y a des personnes qui vont venir un moment, rester un certain temps, repartir. Ils vont faire des maraudes ; un jour, ils ne le feront plus. Il faut accepter cette idée de discontinuité, qui est associée dans nos sociétés à l'idée de liberté, et intégrer dans les politiques de solidarité des acteurs qui seront là momentanément, pour se faire du bien en faisant du bien aux autres. »

Les crises comme accélérateurs de tendances

Les crises sont des accélérateurs de tendances : des choses qui étaient déjà là deviennent la règle. Cela engendre aussi de nouvelles tendances (non encore visibles, mais qui vont peu à peu apparaître). En 1968, on parlait rarement de la place des femmes, et quasiment pas d'écologie ni de décentralisation. Néanmoins, l'accélération de la rupture culturelle des années soixante (Mai 68, Vatican II, défaite US au Viêt-nam, etc.) a fait que les questions de l'égalité hommes-femmes, du rapport entre humanité et nature, de l'organisation des pouvoirs en France et en Europe, ont été posées dans les décennies suivantes. Et ont imprégné les septennats de Valéry Giscard d'Estaing et de François Mitterrand.

La principale difficulté que nous allons connaître réside dans l'adaptation des forces politiques et des hauts fonctionnaires aux évolutions brutales induites par la crise pandémique. L'heure n'est plus à dire : « Ah, si on m'avait écouté ! » ou « Appliquons enfin les réformes pour lesquelles on a été élu ». Car chacun d'entre nous, et la société elle-même, s'est puissamment autoréformé et a renouvelé sa perception de l'avenir. Un avenir qui dépend de la capacité de la politique à accompagner ce mouvement, à nous faire basculer dans un monde écologique, plus humaniste, à comprendre la puissance révolutionnaire de la nouvelle vague féministe et plus largement du respect de l'intime, à faire vivre l'Europe, à décentraliser la santé, à éponger les Prêts garantis par l'État (PGE), à favoriser certaines réindustrialisations, à soutenir « nos » pays du Sud…, et à assurer partout un excellent équipement numérique, à créer des milliers de lieux de coworking et de tiers-lieux.

Ce, sans oublier les dettes contractées, qui doivent être pensées comme un investissement pour accélérer les mutations numériques, scientifiques et technologiques entraînées par la Grande Pandémie ! Certes, ces investissements nous ont été imposés, nous ne les avons pas choisis, et sinon, nous aurions été incapables de les faire. Mais nous les avons faits, les chercheurs ont travaillé, les poutres qui soutenaient le toit ont bougé. Attention, cependant : jusqu'à la fin, la défaite de Trump n'était pas assurée. Car ce sont toujours les humains qui font l'histoire.

Par contre, ce qui est sûr, c'est que cette pandémie cristallise une révolution culturelle qui était déjà engagée. L'omniprésence de la mort et de la maladie, notre acceptation à transformer nos maisons et nos familles en lieux sûrs, l'affirmation individuelle du risque pour chacun de contracter le Covid-19 ou de le transmettre, nos stratégies territoriales pour diminuer la pression du confinement et du risque de contamination (exode urbain, déménagement, séparation, télétravail...), tout cela achève des bouleversements qui étaient déjà là et en renforce les effets. Écoutons le sociologue Serge Guérin nous parler des bienfaits d'une société intergénérationnelle voulue et organisée, y compris pour aménager l'espace.

Nous sommes au seuil d'un grand débat qui va durer des décennies, qui va bousculer les entreprises, les mouvements sociaux, la politique et le monde, grâce à la nouvelle génération – pleinement soutenue par l'ancienne, celle des grands-parents, aujourd'hui solidaires de leurs petits-enfants car inquiets pour le monde où ceux-ci vont déployer leur vie. Des engagements individuels ponctuels mais entiers pouvant alors remplacer les constructions politiques à long terme. Des engagements que les jeunes s'imposent à eux-mêmes avant de vouloir les proposer aux autres, avec une exigence renforcée par le fait qu'eux ont déjà agi concrètement. Il faut observer la jeunesse, car, comme toujours, c'est à elle de changer le monde. Mais en s'appuyant sur le travail, et les erreurs, des générations précédentes. Cette génération va porter les réformes que cette pandémie nous a imposé de penser et de préparer.

La Grande Pandémie fut mise à plat des avantages et des inconvénients de chaque quartier, de chaque région, de chaque pays, de chaque continent. Tous les soirs, nous suivîmes la progression ou le recul du virus sur les cartes du monde, comme des étapes du Tour de France. Les hypothèses se succédaient à toute vitesse. En Europe, d'abord l'Allemagne fut en tête, l'Italie en queue de peloton. Puis l'Angleterre fut submergée, le Portugal également. L'Allemagne, sans doute trop confiante du fait de ses premiers succès, recula. La France, mal préparée et mal partie avec un enfumage sur le manque de masques, réussit le deuxième virage. Nous étions équipés, et plus prudents. Mais ensuite… Et ainsi de suite. Puis le match recommença pour les vaccins. Les démocraties ne démontrèrent pas clairement leur avance scientifique et technologique. Mais nul ne sait encore qui marchera le premier sur Mars !

Il n'y a que 10 % de morts en plus que « d'habitude »[1], grâce aux vigoureux combats que nous avons menés. Ce n'est pas tellement, on pourrait très bien les absorber sans en parler. Parce qu'on parle du Covid-19 tous les jours, on croirait que tout le monde est en train de mourir sur les trottoirs, comme le décrit Giono pour le choléra dans *Le Hussard sur le toit*[2]. La grande peur qui a saisi nos sociétés ne se mesure donc pas en nombre de victimes. Trois peurs, en fait, se télescopent : la pandémie,

1. Première estimation provisoire du nombre de décès en 2020, *Insee.fr*, 15 janvier 2021.
2. Jean Giono, *Le hussard sur le toit*, Paris, Gallimard, 1951.

les attentats islamistes et la crise économique annoncée jour après jour à grand renfort de trompettes médiatiques. Puis, le chômage ne progressant toujours pas, les déprimes et les dépressions prirent le relais. Le chômage et les faillites vont, bien sûr, malheureusement revenir, mais chacun s'y prépare tellement que les dégâts peuvent être plus mesurés qu'annoncés.

On peut prendre l'habitude de vivre en se protégeant et se séparant les uns des autres : il y a, par exemple, très peu de contamination dans le métro[1] ! L'Académie nationale de médecine nous a même appelés à ne pas y parler ! Donc, la pandémie, même durable ou renouvelable, ne détruit pas l'idée de la grande ville ou de l'école. On peut déménager, chez Kafka. Mais elle la rend moins désirable. Car la pandémie bouleverse d'abord les liens privés, urbains, familiaux, festifs ou culturels. Elle intensifie la famille cohabitante et éloigne les autres amours et amitiés. Mais attention, une grande part des Français ne sortent pas dans la ville, ne vont pas au restaurant, ne partent pas en vacances. L'espace urbain est un territoire de classe aisée, éduquée, de jeunesse et de vacances. Nous oublions trop les pêcheurs à la ligne (1 528 452 adhérents à la Fédération

---

1. Covid-19, pourquoi les transports en commun ne sont pas des lieux de contamination privilégiés, *Keolis.com*, 2020.

nationale des pêcheurs en France en 2020), les bricoleurs, les chasseurs (1023000 en 2019-2020), les jardiniers, les joueurs de cartes, les boulistes, les piliers de comptoir, les cyclistes, les marcheurs…

La richesse commune a reculé de 8,2 % du PIB en 2020 dans l'économie française[1], alors que tourisme et culture représentent plus de 15 % de la richesse commune. La production manufacturière, le commerce, l'agriculture et les services n'ont donc quasiment pas régressé, voire ont progressé dans certains secteurs (santé, maison, numérique…). Par contre, la part demeurée active – et ses entreprises, ses salariés, ses territoires – a contracté une dette avec l'autre part de la société, et il faudra la solder. En abandonnant les petits PGE dans ces secteurs ? La question est ouverte, comme celle de la dette due aux petites mains qui n'ont jamais cessé de travailler dans le *care*, l'alimentaire et la logistique. Mais demain, ce qui est sûr, c'est que la rupture culturelle et émotionnelle que la pandémie a induite doit trouver des réponses politiques. Faute de quoi, tensions insoutenables, violences et renforcement des extrémismes et des forces de mort vont exploser.

Nous entrons désormais dans une époque où nous allons nous affronter à l'intérieur du

1. France : le PIB a reculé de 8,2 % en 2020, *Lesechos.fr*, 26 février 2021.

nouveau commun que va être la lutte contre le changement climatique, comme hier nous nous étions opposés à l'intérieur d'un commun qui était la révolution industrielle et, avant elle encore, à l'intérieur des sociétés agraires non mécanisées – d'où esclavage et servage. Nous sommes en train de recréer un champ politique, comme ce fut le cas au moment de la révolution industrielle, après l'explosion que fut la Révolution de 1789, et ses « enfants » de 1830, de 1848, et même la Commune de Paris en 1871. Puis 1917. L'ancienne hiérarchie des valeurs, notamment la richesse, sera de moins de poids pour affronter un monde qui risque d'être inhabitable pour tous.

Alors, dans ce contexte, comment « faire France » ensemble, comme « faire territoire », « faire ville » ? Comment faire « corps social » et « corps politique » dans une société qui était, avant la crise, très archipélisée et très ségrégée ? Surtout que la pandémie va renforcer les écarts de richesse et de valorisation de certains modes de vie au détriment d'autres. Et ce, principalement parce que les grands collectifs de travail – souvent masculins – se sont peu à peu défaits depuis cinquante ans du fait de la progression des technologies agricoles ou de la robotisation industrielle.

Pour le dire simplement, ni les moissons à la faux, ni les vendanges à la main, ni les mines, ni Billancourt, ne soudaient encore au quotidien d'immenses groupes de travailleurs, ni ne construisaient encore un commun de luttes syndicales et politiques. Si les intellectuels peuvent toujours parler de classe sociale, dans le vécu imaginaire et la conscience des salariés – et qu'est-ce qu'une classe sans conscience de classe ? –, on pense plutôt « fin de mois difficiles » et victimisation individuelle, droits individuels, respect de l'intime, lieu et local, voire sens du travail et revalorisation de certains métiers. Le retour de l'objectif du travail bien fait sera un gage de la durabilité de nos réalisations. La qualité du travail devient un engagement écologique.

La jeunesse, elle, est aujourd'hui dans la culture numérique. Pendant la pandémie, ce n'est pas « la » culture qui a souffert, mais le spectacle vivant. La culture numérique, les pratiques amateurs, ont progressé. La lecture a augmenté à domicile, et diminué dans les trajets, eux-mêmes en baisse[1]. La pandémie nous a rappelé que la part du travail dans nos vies est petite, même si elle est très importante symboliquement, culturellement, financièrement. Un travailleur productif est un travailleur riche de la qualité de son hors-travail. Si, en dehors du travail, vous avez des échanges avec les autres, si vous voyagez, lisez, allez

1. Baromètre *Les Français et la lecture*, enquête Ipsos pour le Centre national du livre, 30 mars 2021.

au spectacle, jardinez…, vous êtes productif dans votre travail. Si le hors-travail est vide, que vous consommez de la télévision et de la bière à outrance, vous ne renouvellerez pas vos compétences.

Sortir du sous-tourisme

La pandémie a rendu extrêmement visibles la part de notre temps consacrée au travail, la part consacrée à l'éducation et la part consacrée au temps dit libre. Elle a interrompu les pratiques de sortie et de voyage, on a vu soudain s'installer *une société sous-touristique*, avec ses conséquences désastreuses. Car les temps de la vie urbaine, des vacances, de la retraite et du voyage sont devenus les moments principaux de nos relations et de nos rencontres. Ce que nous appelons le temps libre a remplacé le temps hier consacré à Dieu ou, plus tard, au « monde du travail ». Comme l'église le fut à une époque, le travail partagé, les luttes sociales, « les quartiers rouges » et la politique à une autre, le hors-travail, y compris le bénévolat, est aujourd'hui le temps social du lien. Le travail, bien sûr, reste un grand moment de rencontre, mais un travail densifié, sans pause ni fête, ni moment convivial autour de la célèbre « machine à café » ou, parfois, du déjeuner d'entreprise.

Le temps libre, y compris le temps des spectacles, est la forme moderne de ce qu'hier on appelait carnavals, fêtes religieuses, fêtes votives. La sous-estimation que la France, premier pays touristique au monde, porte à ces sphères d'activité est tout à fait stupéfiante. Pas de grand ministère du Tourisme et de la Culture, pas de grand centre de recherche, pas de recherche et développement en entreprise… Pourtant, c'est dans ces traditions et ces savoir-vivre là que s'origine de l'art de vivre à la française. Et sa richesse économique. Le sous-tourisme et la fermeture des lieux du temps libre urbain ont rendu visible l'importance de l'ensemble de ce système culturel, économique et social. Pour la première fois, on a perçu, par l'effet du manque, la force de ces secteurs, et leurs fonctions économiques et sociales vitales. Nous étions pour ainsi dire, à l'an zéro de la société des loisirs.

Le lien numérique existe en masse depuis 2006, année de la création de Twitter et de la réorganisation de Facebook. Certes, il y avait des ordinateurs avant 2006, de même qu'avant 1940, il y avait déjà des voitures – rappelons-nous les taxis de la Marne –, mais c'était secondaire dans les modes de déplacement. Seuls les très riches avaient une voiture, ou les livreurs, un camion. Ce n'est que depuis 1945 que la société du pétrole dirige nos déplacements et nos rencontres. La Grande Pandémie marque une rupture de même nature. Le numérique a pris la main. On ne va évidemment pas supprimer le lien physique. Il faudra toujours se voir. Mais, dorénavant, la première question que l'on se posera sera : « Peut-on le faire par Zoom, Skype ou autre ? Je dois venir ? » Bien sûr, les deux modes de rencontre vont se compléter.

Les télétravailleurs semblent plébisciter une répartition pour partie dans l'entreprise, pour partie à la maison. Mieux : à côté de la maison, dans un tiers-lieu. Et tout le monde dira : « Ça me fait gagner du temps. » Cela veut dire que le premier lien est devenu numérique ! Il va sans doute falloir se battre pour garder une part de présentiel dans de nombreux métiers. Même au sein de la famille, on se verra par Zoom. Amazon écrasera alors les très grandes surfaces, le télétravail – du moins à temps partiel – deviendra la règle pour ceux qui le peuvent, les enseignants eux-mêmes utiliseront plus souvent les outils numériques. On essayera même de rapprocher de l'Europe, de la France et des villes les nouvelles usines, en les robotisant.

Nous n'avons jamais été autant dans nos maisons, nous n'avons jamais été autant dans nos jardins. 63 % des Français ont un jardin[1]. Inversion des valeurs récentes : la petite bicoque mal isolée d'un lotissement de banlieue fut préférable à l'appartement en ville. Le Gilet jaune l'emporta sur le « bobo cycliste ». La pandémie a transformé nos maisons en lieux de sécurité.

1. Enquête sur les Français et le jardin, sondage Ifop/Unep, 2019.

Hier, elles étaient un refuge après une journée ou une semaine harassante. Aujourd'hui, comme le dit Luc Gwiazdzinski, c'est la rue qui est devenue aération et repos[1].

Le numérique a envahi nos logements pour de l'information à outrance, du télétravail, du porno, du divertissement, du sport ou de la culture. La période fut très dure pour les jeunes couples avec enfants télétravaillant à la maison. Les femmes retrouvèrent souvent la cuisine – y compris pour télétravailler. Pour cette part de la population, 30 à 40 % d'entre nous, on va vers le dédoublement des lieux de travail : un « local », autour de chez soi, près de l'école, du marché, des lieux de sport et de culture, et un dans une entreprise, plutôt dans une métropole. Nous y reviendrons… Cela va transformer la « bi organisation » du territoire, passant d'une culture « résidence secondaire » à une culture « bureau secondaire ».

La domination des corps

Mais la Grande Pandémie fut aussi mise au centre des corps, de la réglementation des déplacements, de la présentation, des usages, même. Les tête-à-tête des couples, astreints à l'intimité légale, furent réglementés par les

1. Luc Gwiazdzinski, Prendre le(s) temps de la ville, entretien avec Sylvain Grisot, tiré du podcast *La ville en questions*, 15 décembre 2020.

États, alors que les rencontres professionnelles furent réduites en masse. Plus de sport, de danse, de spectacles ; montée parallèle des violences dans les couples, entre bandes... Recul des naissances, augmentation des avortements, vie commune avec peur du futur pour beaucoup. Mais aussi, lancement de nouveaux projets, migrations, déménagements. Quatre cent mille des 2,7 millions de personnes en chômage partiel de longue durée (secteurs du tourisme et de la culture) se sont engagées dans une nouvelle activité[1]. Définitive ?

Et, bien sûr, les malades, la souffrance, les traumatismes, la mort solitaire, le sentiment d'abandon des anciens, l'enterrement sans vrai rituel, à quinze personnes maximum. Plusieurs millions de membres des familles ont été traumatisés. Les enfants n'ont pu venir au cimetière ou au funérarium. Enfants et jeunesse privés de deuil, mais envahis par le risque de mort – celui de la donner, de la transmettre –, par le devoir de protection envers les grands-parents. 23 % des Français sont perçus par les professionnels comme dépressifs en 2021[2].

1. Béatrice Madeline, Reconversions, démissions, lassitude... L'inconnue du retour dans l'entreprise des salariés en chômage partiel. *Le Monde*, 17 février 2021.
2. CoviPrev : une enquête pour suivre l'évolution des comportements et de la santé mentale pendant l'épidémie de Covid-19, *Santépubliquefrance.fr*, 12 mars 2021.

La pandémie a bouleversé notre idée des générations. Les plus de 70 ans sont devenus brutalement « les vieux à risque ». On s'écartait dès mars 2020 sur notre passage. Nos enfants et petits-enfants ne venaient plus nous voir, par amour ! Depuis la guerre, on était vieux à 60 ans. On a donc gagné dix ans, mais avec une volonté renforcée de nous mettre en marge, à l'arrêt, voire confinés. On avance vers la retraite à 70 ans ? D'ailleurs, en 2021, pour l'accès au vaccin, la catégorie « vieux en danger » commençait à 75 ans. Plus jeune, il fallait des motifs de comorbidité pour être vacciné. Folle ambiance.

Mais les âges sont aussi des territoires. Salomé Berlioux[1] a bien montré que les jeunes issus des campagnes et du monde rural traditionnel se sentaient loin du monde bouillant des métropoles. Leur ambition va vers la ville moyenne la plus proche, quand le jeune Parisien hésite entre un stage à Londres ou à Tokyo. Les trois millions d'étudiants en France sont essentiellement dans les très grandes villes, où, par conséquent, la place des étudiants est considérable. À Paris, 55 % des logements sont occupés par une personne seule, dont beaucoup d'étudiants. Hervé Le Bras a bien montré que la surface du logement par habitant dépend plus de l'âge que de

1. Salomé Berlioux, *Nos campagnes suspendues*, Paris, L'Observatoire, 2020.

la condition sociale. Les personnes âgées ont plus de surface, car elles gardent les logements après le départ des enfants[1].

Et comment vont évoluer les familles après la Grande Pandémie ? À court terme, des centaines de milliers de couples vont se séparer. Cela va accentuer le nombre d'enfants vivant entre deux maisons – ils étaient déjà 30 %[2]. Et renforcer la fragilité des ménages. Cette pandémie risque d'accentuer, au moins à court terme, la discontinuité des liens privés. Alors, comment habiterons-nous dans vingt ans ? Est-ce qu'on habitera tout seul ? Est-ce que le modèle parisien va se généraliser ? Pensons alors à construire surtout des logements qu'on peut transformer, où on peut habiter avec deux enfants qui sont là à mi-temps, où on peut avoir sa vieille maman dans un petit logement à côté. Où on peut avoir un bureau dans l'immeuble ou dans un tiers-lieu.

Anticipons qu'on sait encore moins qu'hier comment on habitera dans quinze ans. Ni quelle influence les confinements successifs auront sur nos projets de vie. Mais la trace de ce que nous avons vécu va nous marquer :

1. Hervé Le Bras, « La revanche des gilets jaunes (et des retraités) », *Le 1* n° 292, « Inégalités, l'autre crise », 15 avril 2020.
2. Garde alternée : un enfant de divorcé sur cinq concerné, *Europe1.fr*, 28 janvier 2015.

la colocation devrait encore plus gagner sur la cité U ; le jardin ou la terrasse, sur la centralité urbaine : la ville moyenne, sur la métropole ; l'animal de compagnie, sur le tamagotchi ; et la proximité d'un tiers-lieu et d'une gare devrait consolider les prix des loyers. Quant à l'avenir du couple, attendons de voir… comme pour la natalité. Quant à la vie des personnes âgées ? Les Ehpad ?

Aménager avec des idées encore inconnues

Nous sommes entrés dans une phase d'innovation technologique fulgurante. Dans dix ou quinze ans, on ne se déplacera plus avec les mêmes objets. La grande question, c'est de ne pas investir tout l'argent public pour construire des réseaux structurés, rigides, avec des techniques d'hier qui soient plus écologiques que les autres – je suis tout à fait d'accord là-dessus, mais seront-elles encore écologiques dans vingt ans ? C'est extrêmement compliqué.

J'adore, par exemple, les tramways. Ils ont beaucoup transformé l'espace urbain. Le tramway me rappelle la ville de ma jeunesse, et il est un objet sécurisant, en particulier pour les dames et les enfants. La sécurité des dames dans l'espace public est un sujet majeur, car plus on féminise l'emploi, plus on autonomise les genres, plus il faut que l'espace public devienne un espace ouvert à tous et paisible. Au Japon, la sécurité publique est très élevée, les femmes semblent avoir moins peur. Voulons-nous de leur idée de la justice ?

La bataille, aujourd'hui, est de ne pas investir d'argent public dans des domaines demain obsolètes, y compris dans les modes écologiques successives. Car il y a là comme ailleurs des logiques de mode. En ce moment, on est vélo, voiture électrique, ferme et forêt urbaine. Parfait. Mais restons prudents et investissons davantage dans la recherche et l'innovation. Pour les voitures, en incluant la fabrication, jusqu'à 100 000 kilomètres, le diesel est moins polluant ; à partir de 100 000 kilomètres, c'est équilibré ; et au-delà de 150 000 kilomètres, l'électrique est excellent[1]. Mais combien de voitures électriques rouleront 150 000 kilomètres ?

Faut-il continuer à creuser des tunnels pour les transports publics, ou repenser la surface de la ville ? Ne mélangeons pas le court terme, et la panique qui nous saisit devant le réchauffement climatique, et les solutions de

1. Ademe, PR International, Gingko, Élaboration selon les principes des ACV des bilans énergétiques, des émissions de gaz à effet de serre et des autres impacts environnementaux induits par l'ensemble des filières de véhicules électriques et de véhicules thermiques, VP de segment B (citadine polyvalente) et VUL a l'horizon 2012 et 2020, *Ademe.fr*, 2013.

long terme. Parmi lesquelles, la dilatation spatiale des métropoles dans des réseaux de villes moyennes, le télétravail, les tiers-lieux, la semaine de quatre jours de 9 heures, le rapprochement des générations dans le parc social…

La Grande Pandémie, paradoxalement, va nous aider à dépasser cette période parce qu'elle a été l'occasion de renouer avec l'idée de protection et qu'elle nous prépare à réenvisager l'idée de futur. C'est en cela que le virus est un détonateur écologique : nous avons compris en masse que nous devons trouver un autre rapport avec la nature pour sauver le futur de l'humanité. Ce retour du futur et de l'affrontement des projets devrait marquer le renouveau de la politique.

Le grand danger va être de ne pas voir que la société a changé, que les attentes des populations sont différentes, que la bataille contre le dérèglement climatique est devenue la première préoccupation, que le triomphe de la métropole monocentrée est derrière nous, que l'art de vivre concurrence l'art de produire… et que dorénavant nous vivons tous dans le monde virtuel autant que dans le monde réel.

En même temps, les plus fragiles, les plus pauvres, sont encore plus fragiles et plus pauvres. Donc, il faut s'ouvrir à une société, à une civilisation nouvelle, post-Covid, mais en serrant les boulons de l'égalité, de l'effort et de la solidarité. Cette logique bidirectionnelle est d'autant plus difficile que, puisque nous nous sommes endettés pour des années, dans la course contre le réchauffement climatique nous jouons là nos dernières cartes financières avant l'emballement incontrôlable du thermomètre. Or si l'abandon des plus fragiles pousse au populisme, l'abandon du climat pousse à la panique. Le chemin politique est étroit. Pour l'emprunter, il faudra d'abord bien observer le réel que cette pandémie nous a montré. Les erreurs d'analyse se paieront cher.

2
La fin du désir de modernité ?

La période ouverte en 1945, où nous avons cherché en Europe, et particulièrement en France, à moderniser à marche forcée nos territoires et nos usines, nos villes et nos villages, nos vêtements et nos modes de vie, va sans doute s'achever. Impressionnée par les soldats allemands de 1939, puis par les soldats américains de 1944, la société française a accepté d'être bouleversée. L'hygiène, l'architecture des quartiers, les routes, les bâtiments publics ou industriels, les lieux de culture (l'Opéra Bastille), ont été des odes à la « modernité ». On a construit 63 000 ronds-points, redressé la moindre vicinale, puis installé des ralentisseurs, assemblé de gigantesques hangars qui abritent des supermarchés ou des entrepôts ; on a goudronné d'immenses parkings, érigé des bâtiments HLM où le béton et le parpaing ont dessiné partout une ligne droite tracée à la va-vite au milieu de territoires patrimoniaux bousculés à la hussarde. Ne parlons pas des entrées de ville, qui sont généralement des non-territoires mêlant hangars, délaissés urbains construits pour les plus fragiles, allées d'arbres négligés, terrains vagues ou parkings de caravanes, supermarchés, jardins ouvriers dans les meilleurs des cas… Bref, on a posé du moderne sur de l'ancien, sur une France paysanne à oublier, sur des quartiers ouvriers à effacer. Et ce fut bien pire dans certains pays communistes telle la Bulgarie.

Du pétrole au numérique

Ces éléments de modernité sont liés à la société du pétrole qui a pris le pouvoir après 1945. Le pétrole a réorganisé le monde : partout, on a fait des routes, des autoroutes, des ronds-points, des aéroports, des ports, mené des guerres pour le pétrole, fabriqué des voitures par dizaines de millions… L'énergie pétrolière était la base du lien entre les hommes : on est passé de cinq kilomètres parcourus par jour en moyenne à près de soixante. Invention du supermarché accessible en voiture, des barres d'immeubles isolées et reliées par des routes, des écoles avec de vastes parkings, des campus universitaires… Les prisons, elles aussi, partirent aux champs.

Mais après cette Grande Pandémie, le lien entre les hommes ne passe plus par le seul déplacement physique, et donc plus par le seul pétrole. Il passe d'abord par le numérique – dans la famille, le travail, les commandes de biens, les services publics… Le numérique vient de gagner la bataille du lien entre les hommes. La fée électrique triomphe et le lien virtuel écrase tout, reléguant à la marge les trop vieux, les peu lettrés, les vallées mal raccordées… Le pétrole accentue son recul, bousculé par le numérique, l'électrique, le vélo, la marche à pied, les bateaux à voiles…

Cette révolution du lien entre les hommes qui passe du pétrole au numérique est un phénomène très puissant qui va bouleverser nos vies, les territoires et leur aménagement. Hier, déjà, nous avions agrandi nos logements, car nous y passions de plus de plus de temps. Aujourd'hui, nous allons investir de plus en plus dans le proche, autour de là où nous vivons – et maintenant, pour une part plus importante d'entre nous, travaillons. C'est un mouvement enclenché hier qui va se prolonger. On observera à quel rythme. Même dans la sphère intrafamiliale, entre les générations, les communications par internet sont devenues très importantes ; les grands-parents voient leurs petits-enfants par Skype ou WhatsApp. Les liens numériques modifient aussi la sphère de l'intime : internet recueille les confidences de chacun ! Un réseau internet qui a fort bien résisté à l'explosion brutale de son usage. On ne le souligne pas assez, alors même que, sans internet, le confinement aurait été invivable.

Habiter les récits successifs

Les sociétés se structurent dans des récits successifs qui construisent nos imaginaires. Ce sont les imaginaires qui nous rassemblent. Dieu, c'est un imaginaire : personne ne l'a jamais vu. La nation, c'est un imaginaire : personne ne l'a jamais croisée. Le peuple, on ne le connaît pas : on connaît la foule, mais on ne connaît pas le peuple… Les sociétés s'organisent à partir d'un imaginaire qui leur permet de revenir vers le réel. C'est, d'ailleurs, aussi le rôle de l'art. Des imaginaires qui, évidemment, changent au fur et à mesure de l'évolution des sociétés et des récits collectifs partagés. Avant la Grande Pandémie, nous étions en fin de cycle. La fin des sociétés industrielles. Et puis arrive la pandémie, et la pandémie est le détonateur d'une rupture. C'est-à-dire qu'elle a fait exploser une vision du monde usée et que nous savions dépassée, mais sans avoir de solution en laquelle nous puissions avoir confiance. La Grande Pandémie a pulvérisé l'idée que la mondialisation était d'abord économique et que les règles de l'économie étaient les règles de la vie même des humains.

Si nous sommes à la fin d'un cycle, il va falloir en ouvrir un nouveau. Mon hypothèse, c'est que ce détonateur est un détonateur écologique. Parce que la pandémie, c'est l'histoire d'un tout petit virus qui touche toute l'humanité. C'est un élément naturel qui échappe à la plus belle civilisation scientifique et technique que l'humanité ait jamais construite. Aussi, je pense que la bataille politique va se déplacer à l'intérieur du champ du réchauffement climatique. On ne peut plus dire qu'il n'existe pas, à part quelques illuminés, mais on peut dire qu'il y a différentes solutions. On peut dire : « Il faut jouer la science », « Il faut jouer la technique », « Il faut marcher à pied », « Il faut arrêter de prendre l'avion »… Les choix sont nombreux, et on va certainement se retrouver à construire des rapports de force. Par exemple, le nucléaire redevient populaire, car la peur du « plus chaud » remplace la peur de l'accident et du stockage des déchets. Nous avons collectivement un nouveau commun, le réchauffement climatique, et ça, c'est absolument essentiel. On va pouvoir s'affronter à l'intérieur de ce « commun », on va pouvoir ne pas être d'accord, et donc faire à nouveau fonctionner la démocratie. Alors qu'elle n'intéressait plus beaucoup les citoyens. Nous sommes au début d'un nouveau cycle politique qui est bataille de l'humanité pour sa survie, et cette pandémie le fonde.

Depuis 1945, pour montrer qu'on n'était pas des ploucs, on voulait des ronds-points, des supermarchés, des constructions rectangulaires… Goudron, béton et parpaings. On a mis des ronds et des cubes partout comme formes symbolique de cette modernité mathématique. En quelque sorte, une commune qui n'avait pas ses ronds-points, ses rocades et ses zones commerciales, sa salle des mariages malgré le manque criant de mariages, sa salle polyvalente, n'était pas moderne ; une entreprise qui n'avait pas ses bâtiments rectangulaires blancs qu'on voyait de loin n'était pas moderne ; une ville qui ne construisait pas de bâtiments HLM bien carrés avec un parking à côté pas loin d'un supermarché n'était pas dans le coup.

Abandonnant de plus en plus la main sur l'urbanisme aux élus locaux, on a laissé depuis un demi-siècle chaque idéologie construire son territoire : là, des barres énormes accumulant du vote souvent communiste – pensons à Nîmes ou aux quartiers Nord de Marseille – ; ici, des quartiers de villas faisant espérer des votes de droite – pensons à la Côte d'Azur… La France de l'Ouest, moins rapide dans son développement, fut plus épargnée ; l'Île-de-France et le Sud, très attractifs, payèrent un lourd tribut à la modernité. Les « pays de ploucs » survécurent – Massif central, Vosges, Jura, Occitanie, Normandie, vallée de la Loire… Les grandes plaines agricoles furent, elles, arasées, privées de haies, livrées à des machines énormes pouvant tourner vingt-quatre heures sur vingt-quatre avec changement de chauffeur toutes les huit heures. Les rivages du Languedoc et des Landes furent « marinarisées » ; les hautes montagnes, transformées en parc de loisirs blancs.

Certes, au milieu de tout cela, il y eut de remarquables constructions d'architectes, d'urbanistes, des gens respectant leur lieu, protégeant leur culture locale tout en développant leur territoire. Mais ils furent rares. Parallèlement, on protégea les rivages et les montagnes : le tiers du territoire fut mis en parcs, réserves et jardins, châteaux et vieux villages de France. 21,3 % du territoire français sont classés aujourd'hui en parcs et en réserves. L'objectif de l'Union européenne pour l'ensemble de son territoire est de 30 %. Le gaullisme avait su imposer l'idée que la beauté des lieux et des héritages est un commun plus légitime que la propriété privée. Mais le beau, c'était pour les quartiers aisés, les week-ends et les vacances. L'ordinaire était fonctionnel, carré, rationnel et productif. Il fallut souvent se battre pour protéger de vieux arbres, des allées de platanes (danger, accident !), des bastides anciennes…

Demain, peu à peu, la priorité va être donnée à la mise en scène du patrimoine, de la culture locale, du beau, de l'art, des forêts et des bocages – c'est ce que j'appelle l'esprit des lieux. Mais attention : il ne s'agit surtout pas d'être archaïque ou folkloriste. Au contraire, il faut être hyperconnecté et savoir mettre en avant son unicité. Car c'est la différence qui attire : pourquoi vous installeriez-vous dans un endroit standard ? Et ne pas oublier la création, la culture, qui sera le patrimoine de demain.

Aujourd'hui, nous changeons de récit commun. La modernité, c'est-à-dire l'éloignement progressif du passé et de son principe d'autorité hérité, laisse la place à une nouvelle alliance entre passé et révolution numérique et technologique. La période moderne est largement renvoyée au rang des erreurs – ce qui est bien sûr excessif, car elle a beaucoup apporté à l'humanité. Elle sera réhabilitée plus tard. C'est pour cela que l'esprit des lieux devient primordial : car si le premier lien est numérique, il se passe en grande partie à partir ou autour de là où j'habite. Le numérique, comme la télévision hier, renforce la place du domicile comme caverne centrale. Mais une caverne faite pour la vie, l'amour, la culture, le travail, la famille, le lien avec la nature par le jardinage et l'animal domestique. Les cités, alors, valorisent la ferme urbaine et réinventent la forêt dans la ville. L'automobile perd son droit à monopoliser les espaces entre les immeubles et à transformer les bruits de la ville.

L'allongement de la durée des vies humaines et la diminution du temps de travail avaient déjà beaucoup augmenté notre temps à domicile – et donc nos investissements dans le logement. Mais le travail et le commerce restaient éloignés. Le développement du télétravail et de la livraison, le déplacement des usines et des ouvriers hors des métropoles, la possible priorité donnée aux salariés du *care* et du service dans le logement social à proximité de leur emploi…, tout cela désigne une nouvelle tendance qui, peu à peu, devrait renforcer l'importance de ce que nous vivons dans et autour de notre domicile. C'est pourquoi l'esprit des lieux est en train de prendre le pas sur l'idée de modernité. Mais un esprit des lieux en relais territorialisé des réseaux numériques. Un esprit des lieux portant le lent travail du passé sur l'espace et la nature au cœur de l'enjeu du futur. Malheur, sans doute, aux lieux modernes d'hier, sauf à savoir les sauver par une renaturation forestière ou jardinière ou une artialisation, comme dans les « friches urbaines » dédiées à la culture – immense travail des taggers. Intérêt aussi des budgets participatifs qui permettent aux habitants d'humaniser leur environnement. Intellectuellement, il serait cohérent d'y intégrer les loups et les ours, plutôt que de les lâcher « chez les autres », au milieu des troupeaux de moutons. Mais chacun voit la difficulté du projet.

Réenchanter le futur

Moins de 21 % des Français pensent que leurs enfants vivront mieux qu'eux[1]. Moins de 21 % ! Il va donc falloir enraciner le futur dans le passé pour le rendre désirable, mais en le liant à la civilisation numérique et écologique. Et se

---

1. Le regard des Français sur l'ascenseur social, sondage Ifop pour l'Institut Sapiens et l'Institut Télémaque, *Institutsapiens.fr*, 12 juin 2019.

lier au passé non par la naissance ou l'origine, comme on le fait trop aujourd'hui, faute d'horizon, mais par le voisinage d'une vie complexe, enracinée dans le réel et mobile dans le virtuel. Quête de lien avec le passé qui a aussi pour but de retrouver l'autorité que confère un rapport plus respectueux aux anciens et au patrimoine. Il ne s'agit plus de « faire table rase du passé », mais de prendre appui sur lui pour mener le combat contre le réchauffement climatique grâce à la puissance décuplée du numérique.

Avec l'intime conviction que si l'humanité a pu dérégler le climat, cela veut dire que la puissance humaine est aussi apte à le reréguler. Il n'y a aucune raison, dans ce rapport de puissance Nature/Humanité, que ce qui était valable hier ne le soit pas demain. Inversé, bien sûr. D'autant que la puissance de la science humaine ne cesse de croître et que nous venons de vivre un épisode où les humains ont montré une extraordinaire capacité à bouleverser leurs modes de vie dans une situation extrême. L'humanité ressort de cette tragédie plus plastique culturellement qu'on ne le pensait.

Jusqu'en 1989, la gauche « avait » la révolution et la droite « avait » la religion pour tenter de se projeter dans un avenir meilleur : l'attente d'une dictature du prolétariat ou d'un paradis céleste rendait le présent supportable et nous reliait par un récit sans véritable territoire. Mais tel n'est plus le cas, depuis des années, face à un horizon qui nous promet la catastrophe climatique et le chaos économique, social et culturel. La disparition du rôle intégrateur de la classe ouvrière, en tant que constitutif de collectifs de travail de masse, a entraîné des replis sur d'autres appartenances hier minorées : origine, religion, genre, voire localisme et nationalisme. Cela ralentit aussi l'intégration des *arrivants du soir*[1]. Le passage dans l'ici-bas était renvoyé à la responsabilité de chacun, au risque de culpabiliser les échecs et de survaloriser les réussites. Avec toutefois une attention plus forte portée à chaque individu, à chaque personnalité, et donc avec une demande croissante de respect qui devenait quasiment le slogan de la jeunesse et des minorités culturelles. Et ce, d'abord pour les personnes issues de groupes hier dominés – femmes, enfants, minorités sexuelles, immigrés… –, avec parfois des tendances au repli sur des personnes vécues comme semblables en trajet de vie, en voisinage géographique… Évolution sociétale qui favorisa l'importation de lectures sociales nées aux USA, car cette culture individuelle de responsabilité y est plus forte. Voir le débat sur la *cancel culture* et les logiques d'interdiction individuelle ou de destruction de l'image. Ici, la défense tranquille de la laïcité et d'une culture de la tolérance est essentielle. Car chacun d'entre nous est multi-appartenant

1. Youssef Seddik, *L'arrivant du soir : cet islam de lumière qui peine à devenir*, La Tour d'Aigues, l'Aube, 2007.

à des héritages subis, accidentels ou choisis, et il serait tragique de prendre de la distance avec le classement par groupes sociaux pour tomber dans des mono-appartenances imposées de genre, d'origine, de couleur de peau…

Ces évolutions des représentations politiques sont liées à la réorganisation des systèmes de production et sont la conséquence logique de l'investissement éducatif fait sur chacun. Quinze à vingt-cinq ans de scolarisation obligatoire gratuite représentent un capital public investi considérable – en moyenne 8 690 euros par enfant et par an, soit entre 100 000 et 200 000 euros par enfant[1]. Si cela signifie une chance pour chaque individu, cela a parallèlement entraîné une attention croissante envers cet être coûteux et son unicité, comme le dirait Max Stirner[2]. Sur le plan productif, outre la disparition des grands collectifs de travail physique partagé où le travail des uns est le risque des autres, ce qui a changé, c'est que la place du travail est devenue minoritaire dans nos vies : en moyenne, on travaille 10 % des heures de son existence – 65 000 heures dans une vie de 700 000 heures, contre plus de 50 % à l'époque

1. Ministère de l'Éducation nationale, Le budget et les finances du système éducatif, *Education.gouv.fr*, mars 2020.
2. Max Stirner, *L'Unique et sa propriété*, Lausanne, L'Âge d'homme, 1972 [1844].

de Napoléon[1]. Le temps où on ne travaille pas est devenu largement majoritaire.

Nos systèmes d'appartenance ont alors évolué vers les sphères de l'intime, du familial, du local, de l'origine, des croyances et des *hobbies*. Les loisirs, la culture et les vacances sont devenus le cœur des liens sociaux, en lieu et place du travail, de la religion ou du militantisme. On a donc investi dans nos maisons, dans le territoire local, dans nos jouets d'adultes – sexe, piscine, jeux numériques, TV, jardin, culture, restaurant, sports, bateau, moto, vélo, vacances, résidence secondaire… Le tout avec d'énormes inégalités peu compensées (par exemple, seulement 19 % des Français fréquentent les 4000 festivals d'été[2]). En effet, les inégalités dans la sphère du temps libre sont supérieures aux inégalités dans la sphère du travail, car les luttes sociales s'y intéressent moins. Ne sommes-nous pas dans la sphère du « non-essentiel » ?

Et puis est arrivé le numérique. La maison n'était plus d'abord un abri face au monde, une caverne, le lieu de l'intime, des amours et des couples mis à nu. Peu à peu, elle introduisit en elle-même, souvent au plus intérieur, la chambre à coucher, un ou plusieurs écrans.

1. Jean Viard, *Un nouvel âge jeune ?*, 2019, *op. cit.*
2. Festivals annulés, Focus spécifique, étude Sofest, *Francefestivals.com*, 8 mai 2020.

Nous ne sommes pas Loana, nous ne voulons pas dévoiler notre intimité, mais la nourrir, la développer, la mettre en contact avec le monde. Mais comment vivre sous la Toile, et quand la Toile recouvre la couette ? La pandémie et les confinements ont bien entendu confirmé ces tendances avec une puissance inouïe. Qu'est-ce qu'une famille, une amitié, un quartier, une ville ? Sommes-nous devenus des êtres virtuels avec des passages dans l'ici-bas réel ? Et n'est-ce pas durant ces courts passages dans le réel qu'il faut remettre du lien et du beau, du passé et de la citoyenneté, pour réenraciner le corps politique de la République, et celui de chacun d'entre nous, dans le sol de la patrie ? Le temps de la mise à distance doit s'achever.

Nous sommes ainsi face à une curieuse époque où, pour penser et organiser la gestion spatiale des sociétés, il va falloir lier passé, numérique et écologie, lier innovations scientifiques et technologiques, et redécouverte des savoir-faire et des savoir-vivre, du sens des choses héritées. Car nous allons devoir gérer deux bousculements en même temps. Le premier, une société plus chaude en moyenne de 0,6 à 1,3 °C si on écoute Jean Jouzel[1]. Cela est certain. Là, le plus efficace est d'aller voir 500 kilomètres au sud de là où l'on vit, c'est

1. Ministère de la Transition écologique, La France au XXIe siècle, rapport établi sous la direction de Jean Jouzel, 2011-2015, *Drias-climat.fr*, s.d.

en moyenne la distance que représente 1,3 °C en plus – chiffre donné par un responsable d'EDF –, pour imiter les savoir-faire et les savoir-vivre déjà à l'œuvre. Taille des fenêtres, végétation, largeur des rues, fontaines… L'innovation pourra jouer un rôle, bien sûr, mais pour sécuriser les populations, ce voyage réel ou virtuel vers le sud est plus rapide. Ce devrait être le rôle d'un ministre ou d'un maire adjoint à la protection civile. Au-delà de cette hausse de température, héritage du passé, second bousculement : le blocage de la hausse des températures. Là, il faut diminuer la masse de carbone produit et autres problèmes. La solution n'est plus au sud, mais dans nos comportements et nos technologies. La gestion spatiale n'est plus la solution principale, sauf à vouloir étudier l'habitat du Sahara. Par contre, cela va devenir le cœur des batailles politiques. Le paradis et la révolution trouvent là un rude adversaire : l'ici-bas vivable !

La modernité portée par la révolution industrielle et accentuée après 1945 chercha à faire du neuf sur du vieux, heureusement limitée par la pensée gaulliste du beau et du patrimoine. Rôle parfois protecteur des pensées conservatrices, à méditer. Surtout pour qui visite les villes communistes de l'après-guerre, la Bulgarie ou les banlieues de Moscou. La modernité familiale apportée au peuple – salle d'eau, parking, crèche, centre social, maison du peuple… – se paye souvent cher en respect des lieux. À l'inverse, demain, et déjà aujourd'hui, le neuf est technologique et minuscule, les téléphones et les ordinateurs portables en particulier. Les lieux, les vues, l'occasion…, peuvent triompher. Soutenus par une quête de vie locale, de ville du quart d'heure, de marché du soir et du week-end, de vente directe. Le bio a gagné 15 % de nouveaux consommateurs pendant la pandémie, en particulier chez les jeunes et dans les milieux populaires – mais hors grandes surfaces[1]. Du lien, donc, avec l'autre et avec le sol. Ces tendances devraient se poursuivre et nous désigner des politiques publiques à appuyer, politiques patrimoniales des sites, des bâtiments, des routes et du végétal, mais alliées à la généralisation de la fibre, des tiers-lieux et des trains donnant accès aux métropoles. À la régulation des grandes sociétés bétonneuses et pétrolières, peu à peu va se substituer la régulation des GAFAM, des paysages et des patrimoines – y compris industriels, forestiers et agricoles. L'esprit des lieux peut être ainsi, peu à peu, la nouvelle *doxa* d'un monde numérique et écologique.

1. Valérie Deymes, Le boom du bio en 2020 : 15 % de nouveaux consommateurs en un an, *Sud-Ouest*, 19 mars 2021.

3
Changement de civilisation

La société post-industrielle a cédé durant cette pandémie. Le dépassement de la société des objets par la société du savoir et de l'information a, à nouveau, été bousculé par l'émergence d'une société du numérique et de l'écologie. Nous sentions bien que la vision des sociétés post-industrielles développée notamment par Alain Touraine ne correspondait plus vraiment à ce que nous observions. Mais nous n'avions pas de situation de dépassement à observer. Nous étions en phase de déliquescence des anciennes appartenances et grilles de lecture. Le monde du travail dérapait vers le refus du vote ou l'extrême droite. Une part des élites urbaines et de la jeunesse se tournait vers les partis écologistes lanceurs d'alertes, vigoureux, mais imbus de certitudes et d'angoisses. Les syndicats dressaient un cordon sanitaire autour des fonctionnaires. Chacun se sentait victime. Les souffrances individuelles déstructuraient les luttes collectives. Et les victimes du monde d'hier, celles dominées en particulier par le patriarcat ou le colonialisme, se constituaient en mouvements d'action à visée particulière, genrés ou racisés.

Dans le même temps, les métropoles avançaient, portées par la révolution numérique, et le monde non métropolitain semblait s'éloigner de l'histoire, scotché à ses terroirs. Nous retrouvions la vieille fracture entre les villes-lumière maintenant numérisées et la France profonde des années trente. Le vote pour le RN pouvait alors doubler à vingt kilomètres d'une gare et Emmanuel Macron se faire élire par le en « même temps de droite et gauche » des urbains diplômés. Mais, si nous sentions tout cela, nous n'avions pas de solution. Il manquait un déclencheur. Nous attendions. Les votes populistes marquaient un désarroi, pas une perspective.

Alors, en automne 2019, sans doute en Chine, l'humanité a infléchi sa trajectoire. Sans le savoir encore, nous allions être entraînés dans un maelström de contraintes et de peurs, de solidarités et de ruptures qui nous aurait paru encore inimaginable seulement une semaine auparavant. Pour la première fois de l'histoire humaine, nous dûmes tous réagir au même événement quasi simultanément. Les médecins, les infirmières, les politiques, les caissières, les livreurs…, partirent au combat contre un virus, combat régulé par l'ogre médiatique qui voulait sans cesse de nouvelles figures pour analyser et expliquer l'insondable. Le grand livre de l'histoire du monde allait en être changé.

Une première année puis une deuxième passèrent. D'abord, on fut sidérés. Stupéfaits. Le premier printemps apporta le confinement. Une majorité de Français se mit au jardinage. Les Gilets jaunes sortirent le sécateur et la bêche. Les bobos télétravailleurs plantèrent des plants de tomate, semèrent des carottes et du persil. Un peu de hasch aussi. Paris se vida. Les pauvres s'appauvrirent. On organisa des distributions de repas. Le PIB chuta brutalement. Chaque mois coûtait aux finances publiques plus de 25 milliards d'euros supplémentaires[1]. Puis ce fut l'été, et on oublia. On vécut alors en trois mois ce qu'on aurait dû vivre en six. Le PIB se redressa. Il y eut une rentrée. On parla de l'après. Il y eut un automne.

Puis un nouveau confinement arriva. Avec écoles et travail ouverts. Tous les plaisirs furent interdits. Sauf l'espérance de Noël. Incroyable mise en scène de l'arrivée du Divin Enfant dans une société si peu religieuse ! Un confinement à 8 milliards d'euros d'argent public mensuel supplémentaire[2]. Moins cher. Le 31 décembre fut sans alcool

---

1. Coût du confinement : de 4 à 16 milliards d'euros par semaine, *Ifrap.org*, 28 janvier 2021.
2. *Ibid.*

ni transgression. Le *boom* des naissances (et des avortements) n'eut pas lieu[1]. Encore raté ! Mais les jeunes furent formidables, ils visitèrent leurs anciens sans les contaminer.

Puis les virus prirent à nouveau des noms de pays. Il avait fallu des mois pour que le virus chinois devienne le Covid-19. Les variants, anglais, puis sud-africain, puis brésilien..., attaquèrent. On se terrorisa. On nous terrorisa pour essayer de nous motiver à nous délier des autres humains. Fini les cinq-à-sept, avec le confinement à 18 heures. Fini les apéros et les machines à café. Bonjour, bonsoir. Plus de sourires. Uniquement des yeux ! Une société cramponnée à ses regards. Les vacances de février furent sans ski pour les 8 % de pratiquants. On resta devant la télévision ou on visita sa région. Bon pour bloquer la transmission du virus. Les individus devinrent nerveux ou dépressifs, accros à la télé ou bosseurs. Les jeunes surtout. Pour se donner un horizon, on commença à louer des maisons pour les prochaines vacances d'été.

La vaccination progressa, les variants du virus aussi. La bataille pour que l'homme l'emporte s'amplifia. Sans délai de fin ni perspective sur les répétitions. Mais il y aura une

1. Pas d'effet baby-boom après le confinement : en janvier, les naissances ont chuté de 13 % en France, *Midilibre.fr*, 26 février 2021.

fin, un dénouement où l'envahisseur cédera et sera maîtrisé, en tout cas réduit. Ce n'est pas une guerre, mais une tragédie inédite et une révolution culturelle.

La postpandémie va ressembler à ce que l'on a connu en 1920 ou à la Libération, avec une folle envie de bouger, de créer, de danser, de sortir, d'innover... Cette soif de vie nous conduira à tourner la page, mais en gardant la conscience écologique dont cette pandémie marque l'an zéro. Nous pouvons connaître les « Dix Glorieuses », comme il y eut après-guerre les Trente Glorieuses. Nos sociétés, qui étaient en fin de course du modèle productiviste, peuvent retrouver une dynamique où l'idée d'un commun écologique à construire prendra le dessus sur nos postures victimaires de la fin des sociétés post-industrielles. Mais cela n'est pas écrit. C'est aux hommes de faire l'histoire. Banalité à ne jamais oublier.

Nous faisons famille et société comme jamais, monde commun et retour des frontières, autotransformation des sociétés et explosion des micro-solidarités, local et voisinage. La nature, alors que nous nous crûmes être à distance des autres espèces, nous rappelle que nous n'en sommes pas sortis. Rappel salutaire, où puiser les ressources de la lutte pour prendre la main sur le dérèglement climatique. Car la bonne nouvelle de cette pandémie, c'est la puissance de la science qui trouve des vaccins en quelques mois. Et des milliards. La seconde bonne nouvelle, c'est que si, hier, les scientifiques assuraient qu'il était possible de maîtriser le dérèglement climatique, il nous manquait la volonté politique et la perspective économique de le réaliser : elle peut, aujourd'hui, sortir du fond du puits où nous sommes.

La réponse historique logique à tant de bouleversements serait de passer par une période révolutionnaire/totalitaire, car la démocratie est très difficilement autoréformable. En France même, la Ve République est née du « coup d'État » de 1958. La IVe est née en 1946. La IIIe, après la Commune de Paris… Quand les sociétés se décalent de leurs structures politiques, il se crée un vide. Or la politique a horreur du vide. Nous connaissons cela déjà depuis des années avec la montée des partis populistes et l'abstention croissante. Souvent, alors, un régime autoritaire/totalitaire se met en place, qui restructure autant par son action que par le rejet que celle-ci induit. Ensuite, on essaie de revenir à un modèle démocratique. Et quand on est dans cette situation, soit on coupe la tête des élites, soit le modèle démocratique se régénère. Historiquement, il s'est très rarement régénéré tout seul.

Le retour de l'utopie

C'est du milieu de la crise que l'on doit bâtir une utopie du futur pour tenter d'échapper à cette logique funeste. Comme à l'hiver 1942 et au printemps 1943, quand les naissances commencèrent à augmenter dans tous les pays belligérants d'Europe. L'horizon était encore bouché, mais l'animal humain sent quand il faut lutter contre la mort… et il fait des enfants. Les plantes, elles aussi, ont des fleurs merveilleuses avant de mourir. Puis la politique prit le relais. Le programme du Conseil national de la Résistance fut signé le 15 mars 1944. Avant même le débarquement du 6 juin. Car c'est au plus noir de la tragédie que l'on prépare l'avenir, que l'on porte des projets, que l'on ose des révolutions culturelles. Ensuite, quand la vie « normale » reprend, tout va très vite. Pensons aux Trente Glorieuses après le plan Marshall (1948-1952). Pensons aux années 1920 aussi, après la Grande Guerre et la grippe dite espagnole. En fait, elle venait des USA. D'un fermier et d'un oiseau[1]. On lui

1. « Le virus serait apparu au Kansas, le 4 mars 1918. Le patient zéro aurait été un certain Albert Gitchell, un fermier contaminé par l'un de ses oiseaux, lui-même contaminé par un oiseau sauvage. Alors qu'il est porteur du virus de cette grippe aviaire, cet homme est appelé sous les drapeaux. Assigné à la cuisine du camp militaire, il va favoriser la propagation du virus, qui se transmet par gouttelettes ou par toucher d'une zone contaminée. »

attribue des dizaines de millions de morts. Jusqu'à cent millions d'après une enquête de 2002[1]. Arriva une époque sans pareille : les Années folles, création et effervescence…

… mais qui s'acheva avec la crise de 1929 ! La bonne politique, c'est la pensée du temps long, la prévision du coup d'après. Très rare, trop rare. Le CNR fut exemplaire. Nous savons des années vingt la folle créativité, mais aussi l'insouciance financière qui aboutit à la crise de 1929. Puis au fascisme et au nazisme. *Bis repetita non placent*. Nous devons donc à la fois préparer un redémarrage furieux, probablement à l'été 2021 ou en 2022, et déjà nous projeter dans la fin de ces nouvelles « Dix Glorieuses » ; si possible, autrement que la « dernière fois ». En 2008, nous avons su contrôler la crise financière mieux qu'en 1929. Intégrons ces apprentissages.

N'ayons pas peur. L'humanité détruit beaucoup, mais elle apprend énormément.

Caroline Brinner, Comment la grippe espagnole a pu faire jusqu'à 100 millions de morts, *Rts.ch*, 28 avril 2020.

1. Niall Johnson et Juergen Mueller, Updating the accounts : global mortality of the 1918-1920 "Spanish" influenza pandemic, *Bulletin of the History of Medicine*, 76 (1), printemps 2002, p. 105-115.

Il y a près d'un an, je décrivais la fin d'un monde post-industriel dominé par les chaînes de valeur et l'économie. J'essayais d'en analyser les causes et les effets. Et je commençais à penser la société qui émergeait, numérique, écologique, en recherche de sens de la vie et du travail. Retour du politique aussi. Mais dans un monde dominé par le dérèglement climatique et où les armées de travailleurs ont disparu. Société d'individus éduqués, sensibles à leur destin, peu soudés les uns aux autres, décrite dans *La Société d'archipel* il y a déjà un quart de siècle[1]. Humains habitant la Terre et rassemblés par le sentiment du même avenir climatique. L'arrogance de la pensée unique de la mondialisation par l'économique a cédé avec cette pandémie. Chacun a vu qu'il y a d'autres voies, d'autres possibles. Le présent essai part du réel observé pendant la pandémie et propose une analyse de rupture. Son hypothèse centrale est que nous sommes entrés dans la crise pandémique avec une lecture du monde d'abord sociale. Mais en fin de course. Fin de course de la pensée post-industrielle du monde. Désespoir populaire exprimé par les votes populistes… Or, sans une nouvelle pensée du monde, comment le transformer ?

1. Jean Viard, *La société d'archipel*, La Tour d'Aigues, l'Aube, 1994.

Une nouvelle lecture sociétale

La question est alors : cette rupture pandémique va-t-elle nous aider à faire émerger une nouvelle lecture sociétale, d'abord spatiale, planétaire et locale, mais aussi genrée, mémorielle et écologique ? Car depuis un an, nous ne visualisons que cartes, mappemondes et régions, pics urbains… et bien-être du Finistère. Local, proximité et métropole. Les outils statistiques de lecture de la société, nourris de séries de chiffres justes, induisent souvent une approche sociale fausse. La culture de la moyenne mathématique des séries Insee ne nous dit pas les écarts de qualité de vie entre un Smic dans l'Aubrac et à Paris, la différence entre un bachelier de Neuilly et de Trappes – on ne sait même pas calculer le revenu disponible en y intégrant le statut ou non de propriétaire. Ni croiser l'âge et le revenu, sans parler de la couleur de peau et du prénom. Un étudiant est-il pauvre avec 1 000 euros par mois ? Comment est-il logé ? Et une mère seule de trois enfants ?… Le ministère du Logement disait, début 2021, que 70 % des Français sont éligibles aux logements sociaux[1] ; certes, mais 60 % sont propriétaires de leur logement… Relisons La Fontaine.

1. Emmanuelle Wargon, Déclaration sur les priorités de la politique du logement à l'Assemblée nationale, le 14 janvier 2021, *Vie-publique.fr*, 18 janvier 2021.

Depuis déjà quelques décennies, une lecture marxiste des faits sociaux a cessé de dominer dans les sciences sociales, comme ce fut le cas après-guerre et encore après 1968. Des luttes des femmes, des immigrés, des cultures locales, des écologistes, est née peu à peu une approche complexe de la dynamique sociale. Avec ses extrémistes, désignant parfois un ennemi unique et commun, « le mâle blanc », symbole de la domination capitaliste. Un désir traditionnel de violence chez une part des intellectuels français en poussa parfois certains à se rapprocher des islamistes radicaux dans la désignation sans nuances du même adversaire. Le malheureux débat sur « l'islamo-gauchisme » en France, en 2021, n'en témoigne que trop. Mais au-delà de la construction maladroite d'un bouc émissaire et de cet appétit pour la violence – vieux débat entre Sartre et Camus, ou Aron –, la complexification des logiques sociétales à l'œuvre fut bien venue pour mieux appréhender un monde de plus en plus individué et éduqué. Et la pandémie nous ouvrit les yeux sur la difficulté à comprendre l'avancée du Covid-19, les lenteurs de certaines décisions, les avancées plus rapides ici que là…

À une autre échelle, nous découvrîmes, abasourdis, que la logique du moindre coût nous avait rendus totalement dépendants des approvisionnements en masques, en médicaments, en puces, en terres rares…, et cela vis-à-vis de la Chine, fournisseur unique qui est une puissance peu amicale. À quoi bon dépenser des milliards pour l'armée si nous ne sommes pas protégés des virus et des maladies ? Achetions-nous des obus aux Allemands en 1940 ? ou aux Russes pendant la guerre froide ?

À ne plus voir que des séries de chiffres, de marges – chacun, voulant gonfler son importance, magnifie ses chiffres (nombre de touristes, nombre de mal-logés, chiffre d'affaires, nombre de voitures fabriquées, milliards de la fraude fiscale…) –, on perd de vue la diversité des situations et des êtres. Or la pandémie nous a imposé une relecture brutale de cette mise en scène sociétale. Les pénuries de masques, les luttes pour les vaccins, les taux de malades par villes, régions, pays, ont exposé en pleine lumière des différences qui statistiquement n'existaient pas. Obsédés par les moyennes, nous ne voyions plus les particularités, les unicités, les marginaux sécants… Heureusement qu'on a inventé le concept de start-up pour ne pas tuer ces entreprises émergentes dans l'œuf ! Le numérique créera en 2021 10 % des nouveaux emplois.

Cette usure des grilles de lecture issues de la société industrielle était pourtant déjà manifeste hier. Les ouvriers avaient quitté massivement une gauche qui s'était bloquée chez les salariés protégés du secteur public, les écolos se décalant de plus en plus des questions sociales – surtout dans l'Europe du Nord –, et les démocrates américains portant les questions d'identité, de migrants et de genre, mais sans perdre une fibre sociale affirmée en 2020 avec le projet de doublement du salaire minimum. Parallèlement, l'affirmation du local, du circuit court, le refus de l'avion, voire du tourisme, l'hypertrophie du mythe du « vélo pour tous », un questionnement de la science (y compris, parfois, des vaccins !) et du progrès, sans compter le refus des grands chantiers, les ZAD, ouvraient à un projet de société de plus en plus lent, conservateur, d'une certaine manière, très lié aux lieux et aux identités locales.

Ce livre prend acte de ces ruptures. Il interpelle cette lecture sociale déprimante où il faut toujours chercher à faire masse du malheur pour gagner du pouvoir ou des électeurs. Il conteste qu'il faille vivre les mêmes contraintes quand la densité de la maladie est diverse. Il refuse que l'on nie les difficultés d'intégration des enfants de nos anciennes colonies justement, en partie, pour cette cause. Mais où serait le drame d'en analyser les origines et les liens avec la crise de certains quartiers ? Si on utilisait plutôt la machine démocratique pour distribuer du respect et des droits ? J'y reviendrai. Jules Ferry y a brillamment réussi dans l'Hexagone, même s'il fut stérile en Algérie par l'arrogance de l'idée de suprématie de sa propre civilisation. En aparté par rapport à notre propos, le vrai crime en Algérie, au-delà des modes de conquête qui furent horribles, c'est de ne pas avoir vu les habitants comme de futurs citoyens et de ne pas leur avoir donné les droits arrachés depuis 1789 par « des hommes libres et égaux en droits ». Leçon à méditer pour se souvenir que ce sont les valeurs, et l'éthique, qui doivent diriger l'action, et non l'inverse.

La nouvelle civilisation sera numérique et écologique

La civilisation écologique dans laquelle le monde bascule avec cette pandémie nous parle d'abord de région, de température, de niveau des mers et des océans, de fonte des glaciers, de sens de la vie, de dérèglement climatique… Certes, les catégories sociales sont toujours là, mais minorées, remises à leur place d'explications partielles. Le monde redevient géographie. L'humanité, diversité. Et s'impose la conscience des effets à long terme de ses choix et de ses actions.

L'humanité a contribué à dérégler la nature, le monde sauvage et l'équilibre des territoires, tout en les reliant par des milliards de voyages chaque année, mais elle a aussi numérisé son rapport au réel, multiplié sa puissance scientifique et technologique, construit son être-ensemble quotidien. La pandémie mondiale du Covid-19 ouvre au XXIe siècle. Il s'y fonde et commence son récit propre. Une immense vague de changement bouscule nos vies et nos sociétés. Le monde, même. La vague est maintenant en avance sur les décideurs privés ou publics. Elle est numérique, écologique, familiale et solidaire. Elle doit être aussi intellectuelle, car le monde de demain ne sera pas entièrement lisible avec les catégories, les concepts et les données d'hier.

Il ne s'agira plus, demain, de tenter sans cesse, comme hier, de reformer nos sociétés pour les intégrer à un « nouveau monde » unifié et numérique. Il s'agira très vite de réguler les bouleversements en cours : séparation, déménagement, démission, licenciement…, rupture scientifique et technologique, réorganisation des chaînes de valeur, rôle central du dérèglement climatique et retour du désir de risque. Les sociétés sont emportées par un déferlement impétueux, et si elles ne font pas les bons choix, elles vont se heurter et s'autodétruire. La question est de prendre la main sur la vague pour qu'elle soit partagée et solidaire, rassembleuse et planétaire. Car la vague est là, comme après 1920, 1945 ou 1968. Mais les vagues de cette nature, portées par le désir de vivre, d'aimer et de découvrir, sont inégalitaires, plus inégalitaires encore que l'ordinaire : l'accélération de la vitesse de mutation creuse les écarts entre les milieux, les générations, les régions du monde, les systèmes politiques, les cultures.

Qui saura le mieux penser la force de cette vague, les voies pour l'accompagner, en libérer l'énergie, tout en rassemblant les archipels de la société ? Qui saura en saisir la dimension plus spatiale que sociale, car les écarts de richesse ont trop été le tout de la question sociétale ? Le désir fort d'égalité de la société française peut se porter sur autre chose que le revenu à l'instant *t*, et intégrer la logique des lieux, des distances parcourues, le cheminement familial, les handicaps de genre, le poids des mémoires, des projets de vie et des rêves.

Le temps est dorénavant fini où développement et démocratie étaient inexorablement liés. Les régimes illibéraux, voire totalitaires, revendiquent leur légitimité et leurs logiques culturelles, généralement antiféministes. C'est souvent dans cette défense de la position dominante des hommes que se trouve, en réalité, le point obscur de leur succès. Les démocraties occidentales sont vilipendées, elles leur font peur. Là où nous pensons genre, respect de l'intimité, groupe d'appartenance…, ils affirment une cohérence sociale et culturelle rigide, souvent à racine religieuse, monothéiste, autoritaire, marquant les corps – et d'abord ceux des femmes. Chacun doit se soumettre au groupe et au pouvoir. Nous sommes en concurrence, et il n'y a plus de honte là-bas à ne pas être démocrate ni à être machiste. Prime une logique d'efficacité et d'autorité. Et le pays où le président pousse son peuple à attaquer le Parlement est-il encore légitime à protester contre l'emprisonnement d'un opposant ou contre le nettoyage ethnique des Ouïghours ?

D'où, d'ailleurs, l'immense place possible de l'Europe comme pôle démocratique et écologique. Mais pour encore combien de temps ? Et ne pas se tromper : en Europe, il y a des monarchies et des républiques ; le commun, c'est la démocratie.

La vague est là

La vague est donc là. Nous sommes au centre du tourbillon. Nul ne sait la date où nous sortirons de la pandémie, ni s'il faut déjà annoncer les suivantes. Il ne s'agit pas ici de jouer au futurologue ni au médecin. Il s'agit de dire maintenant : quand ce sera fini, qu'aurons-nous appris et que ferons-nous ? Et si la fin tarde à venir, comment agir ?

C'est un moment de l'histoire humainc quc l'on mettra du temps à penser : la « vérité » de ce qu'on vit est dans le futur du récit qui s'imposera au fil du temps, quand on aura mesuré les conséquences réelles de cette Grande Pandémie. On a appris à travailler ensemble, à s'observer : on a acquis une culture internationale extraordinaire. On a débattu sans fin des sociétés du baiser ou du salut, du rôle du vent et du soleil, de la culture du masque, de l'idée de l'individu face au commun. De la liberté et du totalitarisme. Affirmons que ce combat ouvre sur une victoire, certes tragique, et sur d'immenses apprentissages et réflexions. Même si l'on vit aujourd'hui des privations, des interdictions, des morts, des souffrances, des peurs, une tragédie au niveau de l'intime.

La Grande Pandémie et nos modes de combat ont induit une puissante rupture dans l'histoire de l'humanité. Or ce sont les événements historiques qui, en se construisant en récit, fondent un nouveau commun et une communauté. La Chine a très vite compris qu'elle pouvait, grâce à cette crise, devenir l'influenceur de demain. La Russie aussi. Les USA se sont déchirés comme jamais, avant de se reprendre vigoureusement avec Joe Biden. L'Europe a su prendre quelques risques financiers, puis a avancé à « un train de sénateur », par peur du risque et par faiblesse stratégique. Cette pandémie est une escarmouche d'avant-garde, une répétition en « vrai ». Un entraînement.

On a violemment compris que l'homme n'était ni maître ni possesseur de la nature. On le savait. On le craignait. Mais on avait l'impression qu'on n'avait pas beaucoup de moyens d'action, même si chacun faisait sa petite part et portait ses déchets dans des boîtes de couleurs différentes. Arrive alors un événement brutal, imprévu, inouï, qui nous rappelle que nous sommes un animal parmi les autres, que les maladies passent entre les différentes espèces, que nous ne sommes pas à l'extérieur du monde animal, mais à l'intérieur. Et on ne va pas vouloir « avoir souffert pour rien ».

La vague rappelle celle d'après Mai 68, en bien plus violent. Les patrons, pour garder leurs meilleurs salariés, vont devoir réaffirmer le sens du travail, penser salaire et participation. En un an, la société s'est sans doute plus autoréformée qu'en vingt ans. Aux gouvernements, aux régions, aux métropoles, aux maires, aux syndicats, aux ONG…, d'accompagner ce mouvement. Hier, la politique essayait de tirer la société en avant comme un attelage tire une diligence. Aujourd'hui, la diligence s'est engagée dans la descente et l'attelage doit la retenir, la cadrer, la resolidariser.

Mais comment a-t-on trouvé un chemin pour s'en sortir ? Par une coopération, aux niveaux international et européen, dans la fabrication de masques, la recherche scientifique et la découverte de vaccins ; les laboratoires ont énormément appris et accumulé des savoirs qui serviront pour d'autres maladies. Et *en même temps*, on s'est refermé : sur le foyer, la famille, le local, le national, l'Europe. Il y a donc retour de la frontière comme protection et arme. Ce que l'on dénie depuis un demi-siècle, sauf pour les vagues successives de réfugiés. Car depuis cinquante ans, l'idée était que les chaînes de valeur étaient l'alpha et l'oméga de toute organisation rationnelle, et l'économique avait pris le pas sur le politique. En Méditerranée, malheur aux mauvais nageurs !

L'économique et le politique ont retrouvé là un rapport de négociation que l'on avait connu dans l'après-guerre, lorsque l'économie n'était pas – durant la guerre froide – la seule légitimité. Depuis cette période, le consommateur ayant gagné sur le producteur et sur le politique, les modèles démocratiques ont été de plus en plus rejetés au profit « des grandes surfaces, puis du commerce en ligne » : le lien démocratique ou productif était devenu pur lien commercial. Les électeurs n'ont alors plus eu le sentiment de voter pour quelqu'un ayant du pouvoir de protection – personnelle, économique ou culturelle. Le seul pouvoir est devenu « le pouvoir d'achat ». Parfois accompagné de domination sexuelle, tellement les deux sont souvent liés. Cette monostratégie sans frontières poussa les milieux populaires vers le populisme, et Chloé Morin a raison d'écrire que « le populisme est une réaction à l'absence de choix[1] » – et j'ajouterais : à l'absence de protection. Alors, hier, partout, les travailleurs et les nations, ne faisant plus corps politique, se sont réfugiés dans les appartenances précédentes encore disponibles – religieuses, ethniques, territoriales, ressorties de la boîte à outils sociale – ou dernières arrivées sur le marché – genre, origine coloniale, minorité sexuelle… Comme le disait Michel de Certeau : « Là où le politique faiblit, la religion

1. Chloé Morin, *Le populisme au secours de la démocratie*, Paris, Gallimard, 2021.

revient[1]. » Cela a conduit par exemple, aux USA, au triomphe de Donald Trump soutenu par les évangélistes et a bien failli mener à sa réélection.

Réapprendre à protéger

Or, pendant la pandémie, un nouveau front de protection a été proposé, avec la lutte résolue contre la maladie et pour les vaccins. Nouveau front renforcé par le besoin de nouvelles protections face au dérèglement climatique qui est – dans l'imaginaire en tout cas – lié à ce virus qui nous attaque. Donc, la Grande Pandémie ouvre des fronts de clivage sur les chemins à parcourir pour se protéger durant la bataille contre le réchauffement climatique. Ces nouveaux fronts, aussi incroyable que cela paraisse – et Donald Trump n'est pas arrivé à y croire –, ont donné aux USA un petit plus à celui qui était porteur d'un projet sanitaire et écologiste protectionniste. L'expression populiste a progressé, mais pas assez, et cette hypertrophie du populisme a sombré dans la fin lamentable de l'attaque du Capitole, marquant symboliquement le tournant de cette période. Autant le populisme est une expression, interne à la démocratie, de rejet du modèle unique de développement, autant l'attaque du Capitole est une dérive fasciste antidémocratie.

---

1. Michel de Certau, *L'Absent de l'histoire*, Paris, Mame, 1973.

La question qui est maintenant posée est celle de la capacité des modèles démocratiques post-Covid à réinventer un plan de protection des milieux populaires intégré à un champ climatique de combat. Durant la fin de la lutte contre le virus, malgré un intense désir de protestation face à cette vie réduite, le besoin de protection a renforcé l'acceptabilité des mesures prises. Mais ensuite ? Ensuite, le nouveau modèle sociétal doit réinventer des barrières protectionnistes entre les humains, *et* entre l'humanité et la nature elle-même. Sans l'invention d'une nouvelle double échelle de protection, locale et globale, la lutte contre le réchauffement climatique apparaîtra à nouveau aux milieux populaires, surtout extra-métropolitains, comme un abandon de leur avenir et de leurs valeurs. Là est le rôle initiatique de cette pandémie : elle nous a préparés à cette nouvelle perspective et elle nous a montré que frontières et coopération ne sont pas antagonistes. Y compris les frontières nationales dans l'unité continentale européenne.

4
Seize leçons pour avancer

Je rassemble ici, en seize axes principaux, les actions que nous devons mener à partir de ce que, selon moi, nous avons appris de cette pandémie. Cette liste, non exhaustive, est un point d'étape. Car « C'est à la fin de la foire qu'on compte les bouses », selon la phrase fétiche de Jacques Chirac. Or la foire n'est pas achevée.

1. Nous avons vécu une période de tension et d'action extrêmes. L'action publique a été mise à rude épreuve, devant prendre des décisions au jour le jour sous des pressions incroyables, imprévues et inconnues. La première résolution consiste à dresser un bilan des réussites, des blocages et des faiblesses de l'action publique pour que la prochaine élection présidentielle ait pour enjeu un projet radical de réforme de l'appareil d'État. Il y a là une opportunité exceptionnelle à ne pas manquer, d'autant que chacun a pu observer en détail la

marche de la machine publique pendant dix-huit mois. Les attentes seront donc fortes.

2. L'humanité n'est ni maître ni possesseur de la nature. Nous avons accepté que nous sommes un animal parmi les autres. Les questions sur l'animal et les droits des humains à les contraindre (chasse, élevage, véganisme, etc.) vont prendre une importance croissante. L'humain est redevenu animal, tandis que les tabous culturels sur ce qui est parfois perçu comme un héritage de cette animalité ont été affermis vis-à-vis des femmes et des enfants. Là encore, consolidation de tendance. Ces déplacements du sens ouvrent à un nouveau rapport avec la nature au nom de la protection de l'humanité elle-même. Cette pandémie va servir pendant des décennies de justification à la lutte contre le dérèglement climatique. De cette tragédie peut, et doit, naître un nouvel impératif existentiel au nom de ceux qui ont souffert et qui sont morts. Comme, après Hiroshima, a pu naître un accord de limitation du nucléaire militaire.

3. L'engagement des soignants comme celui des caissières ou des élus, les multitudes de gestes de solidarité – dans les familles, vis-à-vis des anciens, ou dans les quartiers –, le respect massif des gestes barrières difficiles..., ont révélé des sociétés faisant corps par nation. Cela montre que la culture très individualiste qui est la nôtre n'a pas effacé un sens

du commun certes en retrait mais qui vivait encore. Cela signifie aussi que si on construit l'Europe et l'humanité, les nations restent des cadres rassurants et structurants. Ces deux dynamiques sont des trésors à protéger et à renforcer dans une société en archipel, clivée, et souvent haineuse.

4. Les régimes totalitaires ont peut-être été meilleurs que les démocraties dans cette bataille protectionniste et régulatrice. Même si cette idée est à soumettre au débat : peut-être que la Chine minore les chiffres de ses malades ; ou peut-être que ce ne sont pas les régimes totalitaires, mais les sociétés asiatiques qui ont été meilleures, car la Corée, Hong Kong, Taïwan, ont obtenu d'excellents résultats sans être totalitaires, grâce à l'habitude de la culture asiatique à se protéger des virus. En tout cas, et cela fut encore très visible avec les vaccins, les régimes autoritaires chinois et russe ont fait de la lutte contre la pandémie et de la diffusion des vaccins une arme politique, et ils comptent bien capitaliser dans le futur sur cet acquis sanitaire et symbolique. Mais sauront-ils vacciner leurs propres populations ?

5. Le lien numérique a gagné face au lien pétrolier. Cela va avoir des conséquences considérables en matière d'occupation des espaces, d'organisation du travail, du savoir et de l'information, de création culturelle et de débat politique. Nous y reviendrons. La bataille pour

la régulation des majors du pétrole qui marqua l'après-guerre va être remplacée par celle de la régulation des GAFAM.

6. Le télétravail et le commerce à distance vont contribuer à réaménager les modes de vie et les territoires. Nous entrons dans la phase deux de la révolution numérique. Depuis 2006, la Toile a renforcé les hubs des réseaux, là où la densité des acteurs croisait la densité du Net. Ces hubs une fois construits, on peut se déplacer virtuellement dans l'espace lié par les réseaux, et ne se rendre que de temps en temps dans les hubs physiques. D'où extension des livraisons et du télétravail, et réaménagement du territoire par l'art de vivre. 60 % des Français peuvent travailler tout ou partie à domicile[1] ; et 84 % des urbains des métropoles rêvent de quitter leur grande ville[2]. Le réaménagement du territoire s'accélère.

7. La science a retrouvé ses lettres de noblesse. Cette extraordinaire invention humaine développée jour après jour depuis des centaines d'années a été notre sauveur. Demain, beaucoup plus qu'hier, il sera légitime de lui donner des moyens considérables pour étudier et contribuer à lutter contre le

1. « Je suis quasiment à 100 % en télétravail… », *Lemonde.fr*, 16 mars 2021.

2. *Baromètre des territoires 2020*, sondage Ifop pour Villes de France.

dérèglement climatique. Cela est peut-être le principal bénéfice de cette tragédie. Mais est aussi apparu au grand jour le déficit de l'écosystème innovation français, comme le dit Philippe Aghion[1], avec ses conséquences immenses sur la désindustrialisation nationale.

8. La logique dominatrice des chaînes de valeur est révolue comme impératif absolu. La mondialisation économique va être plus politique dans ses choix stratégiques et la multipolarité de ses approvisionnements. En particulier pour tout ce qui touche à la santé, à l'alimentation et au numérique. La question de certaines relocalisations de secteurs économiques de sécurité ou dans des secteurs innovants va devenir centrale dans les débats publics.

9. La valeur attachée aux espaces publics et culturels comme lieu de libération et d'aération pendant la pandémie va sortir accrue de cette tragédie. Cela va jouer aussi pour les restaurants et les festivals. Du moins durant un temps. D'ailleurs, les populations aisées habituées à « sortir en ville » ou à voyager ont moins bien vécu la période, même si leurs conditions de logement étaient meilleures.

1. La crise du Covid a révélé le « drame de la désindustrialisation » et « le drame de l'innovation » en France, estime l'économiste Philippe Aghion, *Francetvinfo.fr*, 24 février 2021.

La démocratisation de la qualité de vie devrait devenir un enjeu social central.

10. Le tourisme, la culture et les loisirs urbains ont, par leur absence, marqué le moment. Ces trois secteurs, qui sont le cœur des liens sociaux dans les sociétés contemporaines, sortent, malgré leur situation de quasi-faillite, symboliquement renforcés de cette tragédie. Occupant près d'un travailleur sur cinq, ils devraient être placés au cœur de l'action publique et de la lutte contre une société fracturée. Créer enfin, comme en Italie, un grand ministère de la Culture, des Loisirs et du Voyage serait un pas important pour valoriser et relancer ce secteur. Nantes est ici très précurseur avec Le Voyage à Nantes dirigé par Jean Blaise.

11. La politique de santé est (re)devenue centrale. Elle était depuis longtemps la première préoccupation des Français, mais on n'en parlait guère dans les campagnes électorales. Les choix à faire pour les personnes très âgées vont également donner lieu à débat. Une politique plus spatiale des politiques de santé, mêlant public et privé, est probable. Je pense que l'on devrait discuter de la régionalisation des politiques de santé et de l'attribution d'un véritable rôle aux élus en repensant le rôle de l'État et de l'Union européenne en cette matière.

12. L'hypertrophie des appareils de gestion

par rapport à la place laissée à ceux qui agissent est apparue au grand jour. Dans les hôpitaux français, il y a 30 % de gestionnaires, alors que, on l'a appris dans cette crise, il y en a 20 % dans les hôpitaux allemands. On est donc, en France, suradministrés, et cela prend du temps aux soignants (reportings, réunions, etc.). Même chose pour la police, l'éducation, et autres administrations. La société française est apparue hyperbureaucratisée, avec une telle dilution des prises de responsabilité individuelle que toutes les décisions sont lentes, et souvent loin du terrain. Or, dans cette crise, on a vu un lien direct entre ceux qui font et ceux qui décident – y compris entre le gouvernement et les élus locaux –, et entre les deux, il y a des niveaux de décision intermédiaires qui risquent d'être fortement contestés. Cela vaut aussi dans de grands groupes privés.

13. La question de la jeunesse est enfin venue au cœur des débats. La question d'un revenu d'insertion pour les jeunes entre 16 et 26 ans, voire l'élargissement du RSA, a été soulevée. Dans ce « revenu jeune », quelles que soient les modalités – celles de Philippe Aghion, prônant sur le modèle danois une allocation de 800 euros contre 10 heures de travail hebdomadaire, ou celles que j'ai proposées dans *Un nouvel âge jeune*[1], de primes successives de 4000 euros sur projets (étude,

1. Jean Viard, *Un nouvel âge jeune ?*, 2019, *op. cit.*

travail, voyage) –, la logique est la même : simplifier, créer un lien revenu/projet et faire disparaître la part fiscale des parents et les bourses. Avec une attention à la question du logement.

14. L'importance de l'école : c'est la deuxième maison des enfants ; c'est chez eux, c'est un vrai lieu, pas seulement un endroit où on les dépose. C'est essentiel, mais pas comme un système purement fonctionnel. Ceux qui ont dû faire l'école à la maison pendant le confinement ont vu qu'enseigner aux enfants est un vrai métier, qui ne s'improvise pas. Comment profiter de cette revalorisation de l'école pour la renforcer ? Pour les Français, elle est le premier lieu défenseur des valeurs de la République[1].

15. Le rapport au travail : on s'est rendu compte qu'on avait envie de travailler, d'aller au boulot. Ce n'est pas seulement une question financière : ceux qui ont dû fermer ont perdu tout le sens de leur existence (spectacle vivant, restaurants, bars, salles de sport, dancings...). Le travail, c'est du lien, de l'expression de soi, de la joie de vivre, etc. On avait plutôt, en France, la vision du travail comme exploitation. Là, le

---

1. Le regard des Français sur la République et les principes républicains : quid d'une entreprise républicaine ?, Sondage Ifop pour Havas, *Ifop.com*, décembre 2020, p. 48.

travail comme lien et humanité s'est affirmé. L'attachement aux entreprises aussi. Reste à celles-ci à raffermir le sens de leur mission et leur fidélité aux valeurs républicaines.

16. L'agriculture a tenu un rôle central pendant la pandémie. Une certaine indépendance alimentaire est redevenue un enjeu écologique et politique. La sanctuarisation des terres arables, comme cela existe au Canada et en Suisse, sera une question majeure et urgente de la civilisation écologique et numérique qui se dessine – avec création de fonds fonciers régionaux pour reprendre en viager les terres arables des agriculteurs âgés sans successeur.

5
Le réenchantement du territoire

Je propose dans ce texte l'hypothèse que, pour que la société française fasse corps dans cette nouvelle époque, pour qu'elle se ressoude et se rassemble, il nous faut passer d'une lecture essentiellement économique des systèmes d'organisation et d'appartenance, à une reconstruction du pacte qui nous lie autour du territoire, maintenant innervé par la révolution écologique et numérique. Si la standardisation du modèle territorial inventé après 1789 autour des paroisses/communes, des cantons et des départements a plus ou moins pu tenir depuis plus de deux siècles, c'est parce que, une fois réduite la France paysanne, la lecture économique et productive constituait un récit transversal rassembleur et organisateur des combats inclusifs du politique. Mais plus le modèle national de gestion économique, social et politique qui nous faisait « faire France ensemble », y compris par les affrontements du politique « classe contre classe », s'est défait devant l'ouverture à l'Europe et au monde, plus la société s'est archipélisée, comme je l'analysais il y a déjà vingt-cinq ans[1].

Le « nous » a en outre cédé sous la montée du « je », progrès de la liberté, renforçant l'effritement des appartenances de classe et de « territoire de classe » : quartiers rouges contre quartiers bourgeois et monde ruralo-paysan. Le repeuplement du rural périurbain et la création de « quartiers » fortement peuplés d'immigrants venant brouiller ces clivages issus de la révolution industrielle. La nostalgie du gaullisme me paraît en cela la nostalgie de la dernière étape d'un pays conçu comme une extension progressive d'un État/île (de France) façonné au fil des siècles à coups de mariages et de guerres – y compris de « croisades intérieures » contre les albigeois, les vaudois, les protestants, les chouans, puis les Juifs entre 1939 et 1945. Et nostalgie de la perte de la « France d'Algérie », au sens où « L'Algérie, c'était la France », gouvernée avec des communes, des cantons et trois départements – ce que nous avions tenté de faire avant avec la Belgique –, mais dans l'effacement effarant des populations locales musulmanes. Cette perte ouvrit à l'aventure européenne, qui n'était plus une conquête, mais une association – avec des accents de grande France de plus en plus ténus au fil du temps.

1. Jean Viard, *La société d'archipel*, 1994, *op. cit.*

N'oublions pas qu'en 1789 nous avions symboliquement coupé le corps politique de la nation du corps spatial de la patrie par une relecture mathématique des territoires pour effacer la logique aristocratique. Le sang bleu des aristocrates portant des noms de lieu et de région était comme le dessin symbolique des veines du corps charnel de la patrie, que, plus tard, remplacèrent les nationales napoléoniennes dessinées en étoile autour de Paris. La République défit les liens millénaires des humains au territoire pour faire table rase du passé aristocratique. Marianne, en vérité, à écouter Maurice Aghulon[1], mit un siècle à s'imposer partout comme nouvelle figure symbolique, et c'est sans doute la Troisième République qui, après la Commune de Paris, réenracina la société par la République, grâce aux 36 000 communes et aux 500 000 élus locaux de la France paysanne – propriétaires, pères de famille, élus locaux et soldats –, et aux écoles de villages. Processus rapidement redoublé par les 500 000 employés de la SNCF, dont beaucoup étaient liés aux familles paysannes du terroir !

Ce modèle recula quand les urbains devinrent plus nombreux que les ruraux en 1933, et s'effondra après 1962 avec une accélération fulgurante de l'exode paysan.

1. Maurice Agulhon, *Marianne au pouvoir*, Paris, Flammarion, 1989.

En effet, l'exode n'était pas que celui des corps, il était aussi celui des figures symboliques et du mythe de la République paysanne. Mais nous avons peu à peu refait société après-guerre, grâce à une urbanité tenue par la culture des classes sociales et de leurs conflits. La révolution industrielle, puis la domination des villes à partir du recensement de 1933, nous a peu à peu reconstruits en groupes et en communautés par classes sociales. Ce, de façon accélérée après la guerre, avec « l'épopée des Trente Glorieuses ». Avec, en réalité, un nouveau maillage territorial : « quartiers rouges », « quartiers bourgeois », « campagne » et « rural profond », tant les appartenances, à un moment, ont besoin de faire territoire. Nous avons tenu ensemble dans le corps de la nation grâce au récit/épopée de la lutte des classes et au mythe révolutionnaire.

Puis nous avons commencé à nous éparpiller, à la fin du xxe siècle, entre des appartenances de classe, de territoire, de genre, d'origine, de mémoire… Au point de dessiner, peu à peu, des communautés dans la communauté nationale, légèrement honteux de ce repli pourtant salvateur. La campagne, insensiblement, compta 5, puis 10, résidences secondaires pour une ferme. Aujourd'hui, 16 millions de maisons individuelles pour 440 000 fermes. Certes, toutes ne sont pas à la campagne et toutes n'ont pas un jardin, mais la campagne urbaine a définitivement gagné sur la France paysanne. Le jardinage prime sur les labours, l'animal de compagnie – 15 millions « d'amis » – pèse presque autant que les bovins – 18 millions. La France d'Émile Guillaumin[1] est loin, très loin.

En parallèle, disparurent graduellement les grandes unités industrielles, les collectifs de travail des mines et des ports, et les classes n'eurent plus de réalité vécue. Le monde syndical ne demeura, pour l'essentiel, que dans la fonction publique, et le vote ouvrier glissa vers les partis populistes d'extrême droite. L'emploi privé, soit était bien rémunéré dans des firmes mondialisées, soit s'exerçait dans des petites et moyennes entreprises où les liens sociaux étaient très forts. Les corps intermédiaires s'affaiblirent. Les indépendants et les auto-entrepreneurs augmentèrent, moitié par choix, moitié par contrainte. Une société devenue mobile, du moins pour la majorité de sa population, menait une course éperdue vers la modernité sans avoir d'horizon et en effilochant peu à peu ses frontières nationales. Un quart des habitants se déclaraient sans lien avec un territoire, et autant, à l'inverse, très fusionnels. Les autres hésitant entre choix et contraintes de travail dans leur localisation[2].

1. Émile Guillaumin, *La vie d'un simple*, Paris, Stock, 1904.
2. La France en morceaux, *Baromètre des territoires*, Elabe et Institut Montaigne, 2019.

En un demi-siècle, on passa de 60 millions de touristes internationaux à plus d'un milliard, mais on s'accrocha désespérément aux derniers lambeaux de frontières face aux flux d'immigrants. La France et l'Europe laissèrent plusieurs dizaines de milliers d'immigrants se noyer à leurs portes.

Jusqu'au moment où la montée des violences contre les représentants de l'ordre et de l'État, les attentats islamistes commis par des enfants de France, l'éloignement de la jeunesse des représentations traditionnelles de la laïcité, la sécession des élites dans un entre-soi renforcé sans cesse par le poids croissant des grandes écoles, les tensions entre l'État et les collectivités locales…, ont signalé l'archipélisation croissante de la société que le livre de Jérôme Fourquet, *L'Archipel français*, a acté[1]. On voyait bien s'élever des milieux populaires des demandes de frontières, de communautarisme, de radicalité, de violence, une montée de l'abstention et des votes populistes, l'invention de nouveaux lieux politiques comme les Champs-Élysées ou les ronds-points. Un délaissement croissant du vote par les citoyens comme une méfiance grandissante envers les structures publiques étaient venus tirer la sonnette d'alarme du drame démocratique que nous étions en train de vivre. Le récit national

1. Jérôme Fourquet, *L'archipel français*, Paris, Seuil, 2018. Prix du livre politique en 2019.

ne rassemblait plus, les appartenances de classe sur lesquelles reposait le champ politique n'intéressaient plus. La société était devenue mobile, et la figure de l'arrivant devint notre angoisse. Ce d'autant plus facilement quand cet arrivant était un descendant de « musulmans » hier colonisés.

Peu à peu, l'école, les maires, puis *les petites et moyennes entreprises*, à égalité avec la justice et la police, parurent aux citoyens plus protecteurs des valeurs républicaines que l'armée ou le président de la République – plus encore que les autres élus ou les syndicats, sans même parler des médias[1]. Autrement dit, le proche que l'on visualise – l'école, le maire et les entreprises petites et moyennes – parut plus défenseur des valeurs républicaines que les institutions plus lointaines : le proche avait gagné dans la bataille des appartenances positives. Dans certains quartiers où ces structures manquent, on se regroupa hors métropole, sur les ronds-points, et dans les « quartiers », à la mosquée, qui put « faire office de ». Car à défaut d'incarner la République, ces « équipements » sont devenus le cœur du lieu de proximité, avec l'école. Ils sont souvent les deux seuls « équipements » visibles. Ce qui signifie aussi que renforcer le sentiment d'appartenance à la République passe par

1. Le regard des Français sur la République…, 2020, sondage cité.

l'augmentation de la visibilité de ces cinq « équipements » : école, mairie, entreprises, police, justice.

Mais comment faire, alors qu'une économie mondialisée semblait la seule logique légitime et rationnelle soutenue par les actionnaires et les fonds de pension ? Nous étions sans solution. Si ce n'est de faire confiance à un dit « plafond de verre » qui bloquait la montée des populistes et à un investissement croissant dans des forces de l'ordre de plus en plus brutales. Et puis le plafond de verre fut franchi aux USA. Et puis le « front républicain » se lézarda en France. Le désarroi des peuples était incontrôlable. Les régimes autoritaires et nationalistes gagnèrent en Inde, aux USA, en Turquie, en Russie, en Pologne, en Hongrie, au Brésil…, et le totalitarisme consolida son pouvoir en Chine. Et que faire d'autre ? Comment répondre aux désirs de protection des milieux qui n'étaient pas assez « capés » pour se protéger eux-mêmes ? Logique incompréhensible aux gens dotés en capital culturel, économique ou familial.

Or la civilisation écologique et numérique où nous entrons me paraît permettre de reterritorrialiser les liens sociaux. Ce mouvement était déjà en cours, le local était une préoccupation de plus en plus forte, Paris se dépeuplait, les villes pensaient forêts et fermes urbaines, vélo, marche à pied – tramway même, qui est comme un diaporama de la cité. Puis la Grande Pandémie a fonctionné comme une loupe grossissant tous les traits, parfois peu visibles, de nos sociétés. Écarts de richesse, différences de logements et de régions, capacités culturelles à profiter de ce temps vide, aptitude à plonger dans le monde numérique, rôle social du travail et de la culture, des bars et des restaurants, importance décisive du tourisme, possibilité du télétravail, installation des usines hors des métropoles, sociabilité des étudiants, dépendance des circuits économiques face à la Chine… La crise modifie notre vision du futur et de la politique, elle va bousculer les hiérarchies entre ce qui est important et ce qui est secondaire. Elle a déjà commencé à faire évoluer notre approche des groupes sociaux et des territoires. Jusque-là, on parlait encore, comme l'Insee ou les vieux manuels d'économie, des secteurs primaire, secondaire, tertiaire : le monde des paysans, celui des usines, et puis ce troisième qui regroupe tous les autres. Là, on a vu combien cette classification ne collait plus, on a vu émerger une nouvelle classification du social, une nouvelle spatialisation sociale renforcée par la numérisation des liens. Il est temps maintenant de s'y plonger.

6
Le reclassement du social

Au triptyque quartiers rouges, quartiers bourgeois et monde paysan qui définissait des territoires politiques distincts permettant à chaque groupe social de se trouver des représentants, des maires, des conseils généraux, des députés et des sénateurs, a succédé depuis un demi-siècle un grand brouillage des territoires. Fin des « bastions communistes », prise en main des grandes villes par des socialistes bourgeois soutenus d'abord par les fonctionnaires qui y résident, puis évolution écolo, vélo ; domination de la droite sur de nombreuses villes, petites et moyennes, non industrielles et à la campagne – là, c'est plus complexe, car les traditions locales jouent à plein. On assista au dépeçage des « banlieues rouges » entre progression du « Boboland » vers l'extérieur des villes centres et conquête par des socialistes populaires. Le « parti du peuple » FN ou RN, d'abord émergent dans les quartiers HLM populaires dans les années 1980-2000, glissa peu à peu dans le grand périurbain, au fur et à mesure du déménagement de ses électeurs vers l'immense monde des lotissements périmétropolitains peu structurés en espaces de services publics et de citoyenneté. Le refus politique de la cohabitation avec les immigrants récents poussa une partie des habitants du parc social au déménagement vers l'extérieur de la métropole, par l'accession à la propriété. À défaut de gagner politiquement une « France blanche » avec Jean-Marie Le Pen, ils gagnèrent ainsi des « quartiers blancs ». Leur drame, c'est quand le « HLM horizontal » se rapproche d'eux et que leur lotissement commence à être grignoté par des immigrants en promotion sociale. Peu à peu, alors, les prix baissent, et le refus ancien de la cohabitation renaît à côté des « Ma vie-là » et des « Ça me suffit ».

Toujours est-il qu'il est temps de présenter la France vue à la télévision en 2020.

Ouvriers à la campagne

D'abord la France des ouvriers, qui s'est peu à peu éloignée des grandes villes depuis quelques décennies, se rapprochant des petites villes, des lotissements et des paysans du vaste périurbain. Deux populations aujourd'hui dans une très grande proximité : une partie du rural et le périurbain, qui, bien souvent, ne font qu'un. Regardez l'Île-de-France : la plus grande partie des usines, parce qu'elles occupent beaucoup de mètres carrés, sont parties là où l'espace est moins coûteux. Au fond, l'usine a progressivement quitté la ville, et l'ouvrier avec elle. Près de 50 % des ouvriers d'usine habitent à la campagne. C'est notre premier groupe social. Eux ont été au chômage partiel, puis se sont remis au travail durant la pandémie. Avec les « producteurs de culture »: objets et signes rassemblés.

Ce monde-là est soumis à la concurrence internationale, d'où l'invention des primes d'activité et autres aides pour compléter les revenus. Mais un investissement sans doute insuffisant en recherche-innovation et une période de concurrence économique mondiale directe ont réduit la place de ce groupe et lui ont donné un fort sentiment d'abandon. La France ouvrière existe toujours, pour partie dans le monde des ouvriers d'entretien, pour partie dans l'industrie, qui pèse encore 13 % du PIB. Industries localisées, donc, dans des régions historiquement industrielles, Grand Est et Hauts-de-France, mais aussi autour de grandes métropoles ou dans des vallées particulières. Parfois, une usine importante est isolée près d'une ville moyenne. Pensons à Rodez. Ou à Manosque, avec Iter. Il y a donc là une première géographie sociale. La pandémie a contribué à redonner des lettres de noblesse à l'industrie et a montré l'absurdité de certaines localisations lointaines. Elle ouvre donc une perspective pour ces métiers et ces territoires.

La population ouvrière va vivre des drames, car certains secteurs vont s'effondrer très vite, incapables de redémarrer ou, comme le diesel, dépassés. En outre, notre désir de rapatriement industriel, d'autres l'ont aussi. Ils vont donc plutôt fermer des sites en France et défendre ceux de leurs pays d'origine. Mais l'inverse est vrai. Surtout, une plus grande prudence politique peut imposer que dans des domaines essentiels de la survie commune, on impose des minimums de production nationale ou européenne. Pensons aux masques et aux médicaments, aux aliments, aux ordinateurs, aux téléphones portables…

Enfin, dans la phase d'automatisation industrielle où nous entrons après cette crise et sous la pression du développement de l'intelligence artificielle, de nouvelles usines plus automatisées devraient être créées en France au fur et à mesure du renouvellement des technologies. Autant dire que l'industrie devrait plutôt profiter de la crise, et ses territoires de prédilection aussi. Mais tous les choix ne sont pas écrits.

Travailleurs du « care » et du service

Le deuxième groupe social, à l'inverse, rassemble ceux qui ont continué à travailler, dans les métiers du soin, dans la sécurité, dans le commerce, dans les services publics – hospitaliers bien sûr, mais pas uniquement –, dans la logistique, les livraisons… Ce que l'on a appelé la France du *back office*, et qui regroupe deux populations distinctes et même un peu antagonistes : les Gilets jaunes d'un côté, qui mélangent d'anciens urbains populaires ayant quitté la ville pour accéder au monde pavillonnaire et des ruraux « maintenus », qui eux aussi vont souvent travailler en ville ; et de l'autre côté, les populations des anciens quartiers ouvriers – nos « banlieues », ce que l'on appelait, et que l'on devrait appeler à nouveau, les « faubourgs » –, qui sont essentiellement issues de l'immigration récente. Le peuple de la première couronne, entassé dans des barres collectives, concentré de « diversités », et celui de la deuxième couronne, entre les zones commerciales et les champs, la France des « petits Blancs » – dont certains d'entre eux sont également issus de vagues migratoires, plus anciennes, mais européennes celles-ci. Arménienne aussi. Même si elles n'habitent pas au même endroit, ces deux France-là se côtoient dans le monde du travail, à l'hôpital – les premiers sont brancardiers ; les autres, agents d'entretien ou vigiles – ou le long des chaînes logistiques.

Le monde Gilet jaune est l'extension, en promotion sociale, des milieux populaires qui habitent des lotissements pas chers où l'on achète un terrain uniquement en fonction du prix et de la distance pour avoir deux emplois et deux petites voitures diesel. Ce qu'il faut, c'est un collège pour les deux enfants, un supermarché, un rond-point et un accès autoroutier.

En France, il y a seize millions de maisons avec jardin contre douze ou treize millions d'appartements – généralement plus petits et donc moins peuplés. Depuis la Reconstruction et pendant les Trente Glorieuses, toutes nos démocraties ont donné accès à la propriété foncière à des milieux populaires en finançant des petites maisons en lotissement. Aujourd'hui, ce sont en partie eux qui se retournent contre la démocratie, constituant l'électorat de Donald Trump, de Boris Johnson, du Rassemblement national…

On a construit un mode de vie – propriétaire, bi-actif, à proximité du grand circuit du logement périurbain –, mais on n'a pas construit des réseaux d'appartenance et un territoire démocratique. Ces gens habitent « nulle part ». Ils sont « à une heure » de Nantes ou de Paris. Là où ils habitent, ils ne connaissent personne. Ils sont désocialisés. Ils se sont resocialisés dans le mouvement des Gilets jaunes, sur les ronds-points qui sont des lieux politiques improbables, mais qu'ils connaissaient parce qu'ils tournent autour tous les jours. Leurs leaders sont d'ailleurs souvent des chauffeurs professionnels. Dans le « monde Gilet jaune », nous devons faire de la « restructuration démocratique » : il faut retrouver des « communs », partagés, vécus – ce que l'on appelait des « communes ». Où il y a un collège, des services publics, un espace de coworking, un lieu de télétravail, mais aussi un marché, une halle, des commerces de proximité, un espace de sport, des lieux culturels, etc., et la démocratie. Bref, un lieu de vie.

Ces travailleurs du *care* et du service ont affirmé durant la pandémie l'utilité et l'honneur de leurs métiers (caissières, chauffeurs, infirmières...). Ils ont continué à travailler dans un contexte dangereux, et l'ont parfois payé de leur vie. Mais en ayant retrouvé une grande fierté. Ce groupe n'est pas soumis à la concurrence internationale, donc le fait qu'ils aient des salaires très bas est faussement légitimé par cette concurrence ! Leur problème est qu'ils ne font pas groupe, ni classe, et n'ont pas mené de combats sociaux communs. Ils ne se reconnaissaient pas comme une communauté économique et sociale. Mais cela peut changer, car la pandémie les a rendus visibles ensemble. Pour la part d'entre eux qui sont non métropolitains, ils ont en outre souvent été intégrés au combat des Gilets jaunes, ou en tout cas l'ont fortement soutenu. Il y a là un embryon de groupe qui mérite d'être reconsidéré en tant que groupe. La CFDT, qui propose une hausse de 15 % de leurs salaires, l'a bien analysé. On peut très bien créer un salaire minimum social différent du Smic pour ces populations, y compris en intégrant la prime d'activité à leurs salaires, qui ne correspondent pas à leurs situations. Car ils appartiennent à des secteurs non concurrentiels, non soumis à la pression internationale, et sont surtout salariés des secteurs associatifs, publics ou parapublics.

On a bien vu durant cette période qu'une de leurs difficultés est la distance domicile-travail, car leur travail est souvent présentiel. Or leur niveau de rémunération les éloigne de l'habitat métropolitain. Souvent, ils ont voulu devenir propriétaires : c'est dans le projet de promotion sociale de ce groupe aux ménages généralement bi-actifs. Or les politiques du logement social ne prévoient pas que les salariés de ces secteurs aient droit à un logement HLM proche de leur lieu de travail (les HLM sont attribués en fonction des niveaux de revenus). Il serait pourtant utile qu'une institutrice habite à côté de son école, une infirmière, à côté de son hôpital… Cet éclatement des trajets des populations qui font tourner nos villes mais qui, étant les moins rétribuées, vont habiter plus loin, où c'est moins cher, est une absurdité totale.

Une politique spatiale du social pourrait en outre modifier le peuplement à l'intérieur des métropoles et des grandes villes, car on pourrait y faire venir une partie de ces populations, donner la priorité à la proximité (notamment pour les emplois publics) plutôt qu'au niveau de revenus. Quand j'étais élu à Marseille, les patrons des quartiers dits « Nord » se désolaient que dès qu'ils embauchaient un habitant de ces quartiers-là, celui-ci déménageait dans la ville du Sud. La question est la même pour les employés municipaux, pour les salariés des hôpitaux, alors que mixer les populations de ces quartiers avec ceux qui travaillent sur place bouleverserait les équilibres sociaux culturels. Faut-il réfléchir à une astreinte/incitation de résidence ? En fournissant un logement social et une voiture de service ? Faut-il multiplier les communes dans nos métropoles pour créer des centres de gravité locaux : à Marseille avec une mairie des quartiers Nord, à Toulouse avec la municipalité du Mirail ? Faire confiance à la démocratie pour lutter contre l'exclusion comme le fit (en France !) Jules Ferry ?

Il faut par ailleurs créer de la richesse par le foncier pour ces habitants du périurbain. Le foncier dans la ville métropole a tellement augmenté que les propriétaires se sont énormément enrichis, même si la pandémie a entraîné une tendance à la baisse des prix et des loyers. Il est temps d'enrichir les petits propriétaires du périurbain. On peut proposer, pour ceux qui ont un jardin assez grand, la possibilité d'y construire 40 mètres carrés pour qu'ils aient tous le droit de faire un petit appartement sur un coin de leur terrain. Ou les autoriser à couper leur terrain en deux pour en vendre la moitié. On peut créer de la richesse par le foncier pour les populations modestes des lotissements ruraux ou périurbains, et protéger en même temps les terres arables par la densification de cette part-là du territoire. Ces ressources nouvelles permettraient de financer l'isolation des maisons, d'acheter des véhicules propres…, et on rentabiliserait les réseaux techniques déjà là. Surtout, on construirait une ville étalée, mais dense, plus apte aux liens sociaux et aux solidarités. Et on introduirait de la mixité d'âge dans les quartiers de lotissement – souvent construits d'un seul coup par une population d'une même tranche d'âge – par l'arrivée de populations plus jeunes, ouvrant à des emplois intergénérationnels.

Avec, et après, la pandémie, le jardin, le périurbain, le pavillon, sont des façons de se loger qui ont retrouvé du sens. Densifier le périurbain, construire enfin la « ville-jardin » autour des métropoles, sous une gouvernance et un foncier unifiés, peut être la bonne réponse aux attentes des populations. La décision est politique, comme elle le fut sous de Gaulle avec la création des villes nouvelles. Ici, les citoyens ont déjà largement voté « avec leurs pieds » en construisant des lotissements. Il faut sortir de l'idée, dominante depuis un demi-siècle, de la ville dense et haute comme modèle urbain unique. Les Français préfèrent la ville horizontale quand ils commencent à fonder une famille – surtout quand ils ne peuvent financer une double résidence. Alors, vu « l'état des lieux », mieux vaut densifier là où le désordre périurbain a étalé la cité. Et ce, en intégrant, et en favorisant, le développement du télétravail, et donc la diminution des trajets. Organiser une ville-jardin où l'objectif serait d'atteindre l'autonomie énergétique des maisons individuelles, en y intégrant une voiture électrique par ménage, reliée à des batteries de stockage pour se recharger le soir grâce à l'énergie produite sur le toit par des capteurs solaires. Les seize millions de maisons individuelles doivent être vus comme le cœur d'un projet écologique d'habitat, et leur territoire, comme une ressource de « la ville hors les murs ». On bloquerait ainsi la captation des terres arables pour l'étalement urbain. Faire ville entre la métropole et les champs doit être un grand projet d'aménagement démocratique et écologique. Et un grand projet de réaménagement citoyen, en créant des communes à l'échelle de la vie réelle de ces populations, par concentration des communes définies au temps de la société rurale là dominante. Le carcan du communal est ici antidémocratique, car les gens ne voient plus l'intérêt de voter pour un cadre qu'ils ne connaissent pas.

La classe numérique

Le troisième groupe, c'est celui dont le monde professionnel est numérisé : 30 à 40 % des emplois, certaines études disent 60 % – du moins pour une partie du temps. S'il est socialement homogène, il ne l'est pas géographiquement. Il s'agit ainsi d'abord du monde des métropoles, mais plus uniquement, car certains d'entre eux, avant même la pandémie, avaient commencé à réinvestir les villes moyennes, les petites villes et la campagne. Des néoruraux non pas contraints mais consentants, qui s'éloignent de la ville non pas par nécessité, mais par choix. Ne l'oublions pas, Paris s'était déjà dépeuplé – en ayant perdu 59 000 habitants en cinq ans, entre 2011 et 2016[1] – avant que le virus ne pousse près d'un million de Franciliens à aller travailler dans leur maison de campagne ou chez leurs parents[2]. Ceux-là ouvrent un nouveau territoire, un nouveau mode de vie et d'occupation de l'espace. Car, bien souvent, le confinement a confirmé leur goût pour cette nouvelle façon de vivre, comme si cette quête d'équilibre entre vie professionnelle et vie personnelle passait par un autre équilibre entre monde métropolitain et monde non métropolitain. 84 % des habitants des grandes villes déclaraient, en 2020, préférer vivre dans des villes petites ou moyennes[3]. Ils ne déménageront pas tous, mais nous devons intégrer ce rejet de la grande ville aussi bien dans l'aménagement du territoire que dans l'œuvre à accomplir pour rendre les très grandes villes aimables. Les « bobos télétravailleurs » ont fait des économies (200 milliards d'euros[4]) durant la pandémie parce qu'ils ne pouvaient pas consommer.

Nous sommes là face à une congruence entre le monde des résidences secondaires et celui du télétravail, qui se chevauchent

---

1. Nicolas Maviel, Paris perd des habitants : les raisons d'un exode, *Leparisien.fr*, 4 janvier 2019.
2. Martin Untersinger, Confinement : plus d'un million de Franciliens…, *Lemonde.fr*, 26 mars 2020.
3. *Baromètre des territoires 2020*, sondage cité.
4. Béatrice Madeline, Épargne…, 10 mars 2021, art. cité.

allègrement. L'évolution du prix des maisons en 2020 signale très clairement cette congruence. Cette population choisit des lieux qui ont une image culturelle forte, un esprit des lieux valorisé, patrimonial. Un lieu qui doit être un peu plus qu'une carte postale touristique, un lieu « vivant ». Ils auront la fierté de dire : « Eh bien, moi, je suis allé habiter à Tours et je vois la Loire », « Moi, je suis allé habiter à Beauvais », « Moi, à Quimper, parce que c'est très authentique ! » Et c'est pareil s'ils sont à Bordeaux, à Hossegor ou à Bidart. Mais Amiens, Vierzon ou Sedan sont moins susceptibles d'attirer. Autour des premiers « implantés » s'agrègent les nouveaux. En cela, leur logique de migrants est celle de toutes les migrations. Ils sont entre deux mondes, celui des métropoles et celui de la terre travaillée ou plantée.

Ils créent une extension de la ville « hors les murs », qu'on va appeler, en caricaturant, « touristico-bobo-télétravail ». Ces « arrivants de la pandémie » valorisent le maillage territorial de la France des villes moyennes et des bourgs qui a été pré-mis en scène par la mise en désir du territoire réalisée depuis plus de cinquante ans par le tourisme. Ils choisissent une commune et l'investissent. La question est alors : est-ce que ces communes vont comprendre ces arrivées ? Vont-elles se dire : « Ces nouveaux habitants, c'est notre chance, ils ont des salaires, ils vont développer les services, ils vont apporter de la compétence et une culture numérique dans un lieu qui était souvent plus touristique que productif » ?

Ces migrants de l'intérieur peuvent créer dans ces territoires de nouvelles dynamiques – leurs emplois, même. Bien sûr, il se trouvera toujours quelqu'un pour dire : « Ce sont des envahisseurs », etc. Le discours sur l'envahissement, on le connaît, tout comme on connaît la haine du riche. Ainsi faut-il présenter ces migrants comme une ressource, une chance, y compris pour les enfants du lieu, qui vont découvrir une nouvelle mixité sociale et culturelle apte à revitaliser ces territoires, si ceux-ci leur ouvrent des portes. Soit à condition de créer 10 000 lieux de coworking – il en existe seulement 1 800 en France, dont 46 % hors des métropoles[1]. Des lieux qui peuvent être publics, privés, associatifs. D'autant que 23 % des habitants des grandes villes affirment vouloir déménager très concrètement, 36 % des jeunes actifs, et 10 % sont déjà en train d'agir[2]. Nous allons vers des métropoles de célibataires et de séjours plus ou moins longs. Mais pour cela, il faut considérer ces arrivants comme une force pour le futur. Si on les refuse au nom du discours « Ils ne sont pas de chez nous », « Il vaut mieux donner du boulot à mon gamin », l'opportunité

1. Cécile Peghaire, L'indice du coworking 2019, *Bureauxapartager.com*, 16 décembre 2019.
2. *Baromètre des territoires 2020*, sondage cité.

de développement de nombreuses villes moyennes et petites sera perdue, sans doute pour des décennies.

Je suis de la génération qui a quitté la ville après Mai 68, et j'ai bien vu que même si nous ne sommes pas très nombreux à être restés dans ces territoires, nous y avons joué un rôle important parce que nous arrivions avec un bagage universitaire, des réseaux, des copains qui faisaient des carrières partout. Des éléments de nouveauté irriguaient ainsi des territoires traditionnels déprimés par l'exode rural. La situation est semblable, mais face à une vague migrante plus forte et plus attirée par les petites villes et la présence d'une gare. En outre, ces populations, en se déplaçant, ont diminué les admissions dans les hôpitaux des grandes métropoles, et notamment ceux d'Île-de-France. Ces gens n'ont pas amené la maladie avec eux, contrairement à ce qu'ont dit certains. Ils sont partis avant la vague des contaminations, et donc il y a eu moins de malades dans les métropoles. 20 % des Parisiens au moins ont quitté la ville au début du premier confinement, soit 450 000 personnes, sans compter les partants des autres grandes métropoles[1]. Plus d'un million en tout. Combien ne reviendront jamais ?

1. Retour partiel des mouvements de population avec le déconfinement, *Insee analyses* n° 54, 22 juillet 2020.

La métropole augmentée

On a donc bien trois dynamiques socialo-territoriales issues des métropoles qui coexistent et qui sous-tendent des dynamiques politiques distinctes, fondées sur des relations à la citoyenneté clivées. Cette situation vaut pour la France comme pour les USA, l'Angleterre ou la Catalogne. Pour autant, je ne partage pas la lecture de Christophe Guilluy, et son analyse de la France périphérique m'apparaît bien trop simpliste parce que le périurbain n'est pas le même partout[1]. Il est partagé entre les deux dynamiques que je viens de rappeler : le périurbain du pavillonnaire, du rural « profond » et des zones commerciales, structuré autour des désormais célèbres et symboliques ronds-points, et le périurbain touristique, celui des résidences secondaires, du télétravail, situé à environ une heure de la ville métropole en train, dans des lieux à forte charge identitaire et haute qualité de vie, périurbain qui, lui, est en pleine expansion. Tendre des liens et des communs entre ces deux « villes hors les murs » va être un des grands enjeux politiques des prochaines années. Pensons périurbain choisi *versus* périurbain subi, périurbain des bobos et des cadres *versus* celui des Gilets jaunes et des ronds-points. Et n'oublions ni la France des fermes, ni celle du territoire des vallées ou des petites villes industrielles.

1. Christophe Guilluy, *La France périphérique*, Paris, Flammarion, 2014.

Nous sommes là face à des transformations fondamentales des liens sociaux, de plus en plus incarnés par des territoires. Ce territoire va de la terre labourée à la métropole, en passant par la forêt. Il nécessite une vraie réflexion, car c'est le territoire de la production de nombre de richesses du futur (aliments, énergies, vêtements, bois, et patrimoine naturel et culturel). Entre les métropoles et les terres arables, il y a donc un immense territoire que j'appelle la « ville-jardin », ou des villes moyennes et petites bien reliées. Le désir massif des populations est de travailler dans la grande métropole ou en lien avec elle, mais de ne pas y habiter toujours. Sauf pour les étudiants et les catégories intellectuelles supérieures qui sont de grands usagers de la ville festive et culturelle – et de la double résidence. L'art de vivre et l'art de produire sont en train de se déconnecter. On est face à une hyperville numérique qui bouscule les anciennes limites des territoires, mais où on n'a pas du tout reconstruit un espace politique capable de recréer du lien entre tous ces acteurs.

Les deux extensions de la ville que je viens de présenter, la ville « Gilet jaune » et la ville « touristico-bobo-télétravail », ont ainsi le pied à l'intérieur de la partie la plus agricole du territoire, menant à des porosités de plus en plus intenses autour des grandes villes et dans les territoires à forte attraction touristique. Le territoire paysan, les forêts et les montagnes, les rivages, occupent encore plus de 80 % du territoire. Il faut penser la France vue d'avion. Il n'y a une ville que de temps en temps…

Une fois brossé à grands traits le portrait de ce territoire social et politique en mouvement, nous obtenons ce que j'appellerais, après Franck Cormerais, « *l'hyper-ville*[1] », c'est-à-dire une ville qui intègre « l'extérieur » de la ville, la ville « hors les murs ». Côté télétravailleurs, elle relie métropoles et villes moyennes, ou petites, à forte image culturelle ; côté lotissements populaires, elle avance dans les terres hier agricoles, dans un territoire qui n'a pas d'organisation administrative, politique ou culturelle, mais qui est bâti par la fonctionnalité, les intérêts fonciers, les kilomètres à parcourir. Les habitants y sont des « consommateurs de territoire », pas des citoyens. Ils votent d'ailleurs rarement. Les limites de leur commune, de leur canton, voire de leur département, leur sont, du reste, souvent imprécises.

Dernières remarques. Les gens qui se déplacent ne sont qu'un indicateur de désirs collectifs. Ils portent avec eux la revalidation de l'habitat en lotissements, villes moyennes et petites villes. Autrement dit, ils marquent une rupture dans la culture de l'habiter portée par les médias urbains, surtout parisiens, vers

1. Franck Cormerais, *Hyperville(s) ; construire des territoires solidaires*, La Tour d'Aigues, l'Aube, 2021.

la ville dense – en réalité, souvent birésidentielle. Autrement dit, les 60 % de Français non métropolitains se trouvent confortés dans leurs choix ou leurs habitudes. Les migrants de l'intérieur sont donc d'abord des « porteurs de désirs », car avec eux, c'est l'idée du modèle unique de la cité métropole dense qui recule. La majorité du peuple de France qui vit hors des grandes métropoles, qui vit dans une maison avec un jardin ou au bord des littoraux, cette majorité hier moquée et dénigrée retrouve ainsi la fierté de ses choix. Reste à s'appuyer sur cette force neuve. Nous sommes donc face à une possible évolution des analyses territoriales, qui peut être la base d'une nouvelle politique de transports, en particulier par train, et d'une profonde refonte démocratique. D'une nouvelle politique du lien, en particulier numérique avec la fibre pour tous et les tiers-lieux. Et, pourquoi pas, d'une nouvelle politique de départ des villes dans les quartiers les plus en difficulté vers des villes moyennes, y compris vers une partie non utilisée du parc HLM. Il peut être temps de créer un office de l'exode urbain pour démocratiser les migrations intérieures.

Monde de stock et monde de flux

Cette géographie sociopolitique se superpose à celle que les Gilets jaunes ou les électeurs de Trump et de Boris Johnson ont rendue visible. Le géographe Jacques Lévy et son équipe[1] ont bien montré la forte opposition entre la part de la société US se vivant comme *scotchée*, rurale ou en partie périurbaine, et la part se vivant comme *emportée par un flux*, métropolitaine et périmétropolitaine pour l'essentiel – la barre métropolitaine étant posée, aux USA, autour de deux millions d'habitants. Avant la pandémie, nous avons vécu la révolte populaire du rural lointain et du grand périurbain de lotissements que toutes les démocraties ont construit. On se heurte là à la question du lien entre les métropoles mondialisées qui attirent des populations diplômées, mobiles, qui voyagent, etc., et les régions autour, qui reçoivent ces gens du *care* et du service, ou, dans certains cas, qui sont des régions ouvrières, et dont les habitants se vivent comme un stock par opposition aux gens qui sont dans le flux du monde. On peut être aisé en matière de revenus en étant dans le stock, et on peut être pauvre dans la métropole ; mais alors, on est quand même dans le mouvement, c'est-à-dire pauvre dans le présent, mais pas forcément dans le devenir.

Cette divergence de sentiment, dans nos sociétés, entre la partie en stock et la partie en flux, me semble une analyse extrêmement percutante. Ce décalage stock/flux se retrouve

1. Jacques Lévy, Ana Póvoas, Sébastien Piantoni, Justine Richelle, La carte du vote américain…, *Le Monde*, 7 novembre 2020.

dans toutes nos grandes démocraties, entre les vrais métropolitains et les extensions télétravailleuses, et une forte part du reste de la société. Elle cartographie la part d'entre nous vivant les bouleversements écologiques et numériques comme une bataille où ils peuvent agir et dessiner un avenir à leurs enfants, et les autres. La Grande Pandémie n'a fait qu'accentuer cette rupture interne à nos sociétés en projetant à côté de la périurbanité Gilets jaunes une autre périurbanité bobos télétravailleurs. Chaque métropole, immense cité-nuage, se trouvant ainsi dotée de deux ailes extérieures présentant assez peu de chevauchement géographique, social et, surtout, politique. Ces deux ailes des métropoles ne couvrent donc pas tout l'espace, même si plus on s'éloigne des gares et du territoire touristique et télétravailleur, plus le sentiment commun d'un manque d'avenir et d'un manque de prise sur son propre destin augmente. Ces différents territoires se recouvrent en partie, en vérité à la marge. Et là sont les lignes de fracture les plus profondes de *l'archipel français,* pour reprendre la formule de Jérôme Fourquet[1].

En proposant une lecture spatiale des groupes sociaux, la pandémie a rendu lisible ce qui était largement masqué. La révolte des Gilets jaunes – et l'électorat de Donald Trump

1. Jérôme Fourquet, *L'Archipel français*, 2018, *op. cit.*

ou de Boris Johnson – comme l'élection très métropolitaine d'Emmanuel Macron nous avaient déjà alertés sur ces recompositions à l'œuvre. Mais la pandémie a complexifié le modèle social émergent. Cela ne veut pas dire que les autres grilles de lecture ont disparu – les classes sociales en particulier, ni les écarts de revenu ou les multi-critères d'appartenance de genre, d'origine, de métier, d'études… –, mais là où les classes sociales semblaient le seul classement légitime depuis un siècle, les lieux et les dynamiques professionnelles ont modifié notre lecture. L'appartenance au local peut devenir un critère fort de « commun », au-delà des trajets, des revenus, des genres et des métiers. Mais sera-t-on capable demain de recréer un lien territoire-population-incarnation politique, dans l'horizon partagé de la crise écologique, comme hier les classes sociales nous ont permis une construction politique active, avec par exemple l'idée de quartiers rouges ? Et comment modifier les cadres démocratiques pour permettre ce réenracinement dans le territoire par de nouveaux liens avec le local ? Clairement, différentes idées et différents usages du local. Nous allons y revenir, bien sûr, après avoir fait un détour par une carte dynamique de la France.

7
Petit portrait des usages du sol de France

Durant cette pandémie, incontestablement, on vit les continents s'affirmer, les nations exister, et les régions se spécifier. En France, le virus fut d'abord régionalisé. Il ne se nationalisa vraiment qu'en 2021. Et encore. Chacun put disserter sur les effets de la température, des cultures locales de salut, des politiques sanitaires, de la densité de population, de l'origine des peuplements, des liens entre pauvreté et maladie… Ce fut une période profondément géographique, où, paradoxalement, pour la première fois, les frontières de l'Union européenne devinrent une limite commune régie par les mêmes règles. Au sein de l'Union, ce fut moins unifié, mais c'est assez logique puisque la pandémie était aléatoire. Cela, d'ailleurs, fut vrai en France, puisque, à certaines périodes, les limites régionales devinrent frontières intérieures. Le territoire, l'espace de vie, les mobilités (polluantes mais intégratrices), la spatialisation des groupes sociaux, sont apparus plus explicatifs des problèmes sociétaux que les explications sociales dominantes, et vont l'être de plus en plus.

Il est ainsi apparu que la lutte contre la pandémie, à l'échelle française, était largement une question de région, de densité urbaine, de respect des règles, et que les lieux et les régions vivent des pressions différentes, des enjeux localisés. Cela est vrai aussi pour la lutte contre le réchauffement climatique. Il n'y a pas d'algues vertes à Paris, moins de pollution de l'air en Bretagne. Les grandes métropoles, qui attiraient énergie et créativité depuis l'invention de la Toile numérique, sont remises en question comme lieux de vie. La crise pandémique nous a rappelé que les logements y sont plus petits, la nature, plus rare, les amis, plus éloignés, les loyers, plus chers, les trajets, plus longs que dans une ville moyenne ou un gros bourg. Autrement dit, si en société industrielle la proximité des collectifs de travail de masse était un impératif, si la tertiarisation des sociétés a prolongé cette culture économico-spatiale, de plus en plus de familles se sont rendu compte qu'habiter dans la très grande ville avec des enfants était quasi impossible. Ou, au mieux, avec une politique de l'enfant unique sur le modèle chinois… La densité urbaine peut alors être remise en question, ou du moins cette densité permanente. Comme si la première phase de la révolution numérique, engagée il y a vingt ans et qui avait conduit au renforcement métropolitain, pouvait, grâce à cette crise pandémique, ouvrir à une nouvelle période où la Toile serait utilisée pour diffuser des liens après les avoir concentrés.

La pandémie a accéléré la « métropolisation des flux », en additionnant flux physique et flux numérique. Car le lien numérique augmente le lien physique. Dans les deux cents métropoles qui sont en train de restructurer la mondialisation, on observe le même phénomène, car la métropole du monde numérique est un cœur de flux. La ville, partout, est un carrefour, tout à la fois réel et virtuel. Mais où réel et virtuel se marient. Que vous soyez, j'allais dire, modeste, riche ou misérable, vous appartenez au flux. Quand vous habitez à Nantes, vous profitez du Voyage à Nantes ; quand vous êtes à Paris, vous profitez des musées, des petits théâtres, de l'Opéra, de l'ambiance urbaine, des petits boulots ; à Bordeaux aussi… C'est-à-dire que vous êtes en prise directe avec des offres multiples et variées, et vos enfants peuvent aller faire leurs études à pied, à vélo, en tram. On se connecte, on se parle et, en prime, par la multiplication des applications, on peut quelques minutes plus tard se croiser physiquement, après seulement deux clics, qu'il s'agisse de se faire livrer un meuble, un repas ou un possible amoureux. Voire écouter une conférence, étudier, visiter une exposition, rencontrer un investisseur ou un créateur. Cette dynamique liens virtuels/liens réels immédiats a renforcé le pouvoir des métropoles – au nombre de dix en

France, même s'il y en a plus d'un point de vue administratif, car tous les maires d'une grande ville veulent qu'elle soit « métropole ». Des métropoles qui produisent plus de 61 % de la richesse collective – attirant entreprises high tech et services en faisant exploser les loyers et en expulsant les derniers ouvriers des dernières usines, parce qu'il est clair qu'un avocat international rapporte au mètre carré beaucoup plus qu'un ouvrier. Un tri social sélectif s'est ainsi opéré.

Si vous habitez à deux heures d'une métropole, vous n'êtes pas dans cette société du flux, vous êtes dans la société du stock, vous êtes dans un territoire où vous avez l'impression que ce qui se passe n'est pas pour vous. Du coup, il y a une rupture culturelle, devenue une rupture politique entre ces deux mondes. Une rupture qui a été délaissée depuis des décennies parce qu'on a construit les « hors-les-murs » comme une surverse de la métropole et pas comme un projet de ville-jardin et de réseaux urbains. Le vote RN à 20 kilomètres des gares et les Gilets jaunes ont été des sonnettes d'alarme. La pandémie a rouvert les portes de la ville vers la Toile numérique non métropolitaine. Peut commencer alors la phase deux de la civilisation numérique. Des métropoles et du travail en entreprise à temps séquencés. Ou de la révolte et de la révolution.

L'exode métropolitain a commencé

La pandémie a mis en lumière un exode important des grandes métropoles, surtout Paris, dès mars 2020. Plus d'un million de départs, nous l'avons vu[1], vers les résidences secondaires, la famille et les amis. Pour l'essentiel, bien sûr, des télétravailleurs, des retraités et des étudiants. Là encore, cette vague prolonge un mouvement déjà là depuis plus de dix ans, mené par le monde industriel et la recherche d'un art de vivre plus qualitatif. Or cette crise a renforcé le primat de l'art de vivre sur l'art de produire, a dynamisé les liens numériques et ouvre à de probables relocalisations industrielles. Cela accroît le télétravail et les livraisons à domicile, mais cela favorise aussi l'organisation du travail sur plusieurs sites et la création de nouvelles entreprises dans les villes moyennes attractives. Sans oublier de nouvelles porosités entre travail et week-end, ou travail et vacances. Nissan a dévoilé en janvier 2021 les ébauches d'un fourgon aménagé en bureau de télétravail.

Cette migration accélérée des populations se retrouve autour de New York, comme ailleurs en Europe. On peut parler, je crois, d'exode urbain suite à la pandémie accentuant un mouvement déjà enclenché. La grande ville

1. Martin Untersinger, Confinement…, 2020, art. cité.

hyperdense, tant vantée par les urbanistes contre les désirs maintes fois répétés des habitants, avait visiblement oublié les crises sanitaires. Et l'on a bien vu durant cette crise que la grande ville est très agréable pour les propriétaires urbains de jardin – ils sont très nombreux dans les quartiers très aisés – et les birésidents. Mais là où l'exode rural – surtout l'exode paysan –, fut vécu comme une somme terrible de défaites individuelles, et souvent dans la honte d'avoir bradé l'héritage de générations successives, l'exode urbain est vécu, lui, comme une libération de la contrainte métropolitaine, comme un choix positif et libre. Il est une victoire sur les poncifs de carrière et de revenu, l'affirmation du primat du projet personnel et familial. Il est très souvent un acte d'amour partagé et un projet fort pour ses enfants. En ce sens, il n'y a pas de retour « au pays », mais une nouvelle étape de l'aventure de vivre.

Par ailleurs, le télétravail est extrêmement productif. L'Institut Sapiens estime que le salarié est plus productif de 22 %, car il supprime pauses-café, transports, repas à rallonge, et qu'en 2020, il a « sauvé » 9 % du PIB – soit environ 230 milliards d'euros[1]. Au fond, le télétravail achève de vider le travail de ses temps sociaux et, bien sûr, fait gagner en temps

1. Erwan Tison, Yann-Maël Larher, Laurent Cappelletti et Dominique Calmels, Quel avenir pour le télétravail ?, *Institutsapiens.fr*, 15 mars 2021.

de transport. Il le vide aussi de ses réunions interminables qui sont une plaie de la culture bureaucratique française, et, bénéfice patronal, de ses heures supplémentaires. Cette tendance à la concentration du travail dans un temps de plus en plus court, mais de plus en plus dense, est une tendance séculaire qui atteint là sa limite. Avec souvent une réaction négative de salariés, voire de certains employeurs, si le télétravail est à plein temps. Car c'est dans les temps sociaux et les temps gris que nous faisons communauté et que, souvent, nous innovons. Mais la situation limite et extrême de la pandémie a cassé les codes de la culture présentielle, ce qui est un acquis considérable. Reste à négocier un nouvel équilibre entre les temps de travail au bureau, à la maison, à côté de la maison (tiers lieux). La mise en place de nouvelles règles modifiera nos usages de l'espace.

Ces nouvelles mobilités sont surtout le fait de gens qui ont *pouvoir sur leur emploi du temps*. Privilège décisif dans la qualité de vie des indépendants et des cadres depuis les 35 heures. Les mondes de la production, du *care* et du service sont des mondes à horaires contraints peu adaptables par le salarié lui-même – sauf à user de congés de maladie, qui ont considérablement diminué pendant le confinement et qui coûtent 108 milliards par an à la Sécurité sociale. Alors même que la mise en place des 35 heures visait à donner de la souplesse au temps hebdomadaire pour les salariés. Pensée pour des couples bi-actifs devenus majoritaires, cette réforme devait permettre aux parents de réorganiser les liens avec leurs enfants[1] et, en particulier, aux femmes de ne pas supporter toutes les tâches domestiques.

Souvent mal appliquée, cette mesure profondément féministe a été transformée en jours supplémentaires de vacances par commodité de gestion du personnel, notamment dans l'administration. La fin du monopole du modèle de travail présentiel repose la question du pouvoir de chacun sur son emploi du temps. Or qui dit emploi du temps plus souple, ou télétravail partiellement mélangé à la vie privée, dit nouvelles perspectives de mobilité, y compris pour se décaler des « heures de pointe ». La période à venir peut donc remettre ces questions sur l'ouvrage, comme sera sans doute assez vite remis en question l'âge de départ à la retraite. La demande de repenser les rapports au territoire qui résulte de cette crise déboucherait ainsi sur un nouvel ordre du temps, car les deux sont insécables.

Le couple métropole/terre arable

Mais revenons à notre territoire et à ses transformations. Nous avons esquissé dans le texte précédent les trois principaux groupes

1. Jean Viard, *Le sacre du temps libre, la société des trente-cinq heures*, la Tour d'Aigues, l'Aube, 2002.

sociaux qui s'incarnent dans des territoires et que la Grande Pandémie a mis en lumière. C'est la toile de fond sociale de la société qui émerge, porté par les deux grands « moteurs » présentés plus haut : d'une part *les métropoles*, d'autre part, *les terres arables et forestières* – plus de 80 % du sol de France, je le rappelle.

Deux forces se font donc face. D'un côté, le corps charnel de la patrie, qui pèse en millions d'hectares, travaillé par la paysannerie et portant le poids de la mémoire et des mythes de la République paysanne française – et hébergeant le plus souvent le monde industriel. De l'autre, le système métropolitain de l'hyperville, qui pèse en milliards d'euros. Les métropoles sont des cœurs battants. Pour faire image avec les mines du XIXe, je les appelle souvent « les mines du XXIe siècle » : elles pèsent 61 % du PIB national pour moins de 40 % de la population. Si elles sont, bien sûr, le moteur économique, culturel et social essentiel, elles ont, comme un moteur à deux temps, besoin d'huile. Elles ne sont pas le moteur unique, mais cela est rarement mis en lumière, car les analyseurs des métropoles sont généralement des urbains qui pensent « campagne et vacances » ensemble !

Je suis un analyseur rural des mondes urbains, ce qui me donne un angle de lecture différent. Aussi j'aperçois sans doute mieux que, dans le monde de demain, la terre travaillée sera une puissance : l'avenir, c'est toujours de se nourrir et de s'habiller, mais, en outre, de capter le carbone, de produire de l'énergie, du bois, d'utiliser le vent et le soleil… La question forestière et agricole est une grande part de notre avenir : c'est pourquoi je qualifie ce territoire de second moteur. La chance de la France est que l'espace agricole et forestier est encore très largement majoritaire. Même si la forêt n'est quasiment pas exploitée et que les tensions avec l'agriculture sont parfois violentes, le sol national est toujours couvert de cultures, de forêts, d'un monde de villages et de petites villes qui représente une puissance formidable qui peut s'organiser, se transformer, portée par la révolution numérique et écologique. Le développement du télétravail et la recherche d'un art de vivre plus respectueux des individus, de leur intimité et de leur unicité, peuvent apporter à ce monde un renouveau notable.

Entre ces deux « territoires de force » vit la majorité de la population. Ce n'est pas un territoire aménagé, il est désorganisé, reliquat de l'exode rural inachevé ou éparpillement de lotissements sans structure symbolique : le Gilet jaune n'avait pas de territoire au sens culturel et politique du terme. D'où l'usage du rond-point en territoire politique de la révolte. Ce n'est pas du tout le cas pour un paysan, qui incorpore l'usage communal du territoire dans son système identitaire.

La puissance des métropoles

La ville peut, elle, être vue comme un grand port, même sans mer, ou une grande gare – de triage, de transit, de correspondances, d'entrées et de sorties. Il y a les migrants de la misère, les étudiants d'Erasmus, les touristes de passage, les jeunes familles qui se créent et s'en éloignent pour trouver plus d'espace, les couples qui divorcent, les célibataires qui se marient, les actifs qui s'expatrient. Le flux est continu parce que les vies sont discontinues et parce que les manières d'habiter la ville ne cessent de changer. Paris *intra-muros*, c'est plus de deux millions d'habitants, dont 700 000 actifs, mais un million d'actifs qui y entrent quotidiennement en provenance de l'autre côté du périphérique, et plusieurs dizaines de millions de travailleurs provinciaux ou d'étrangers et de touristes qui y séjournent chaque année. Paris, cependant, n'a pas le monopole des flux. Pensez à Caen ou à Rouen, où des milliers de travailleurs partent, un ou deux jours par semaine, travailler « sur » Paris. Et que dire de Lyon, de Nantes… La Toile qui lie nos ordinateurs est comme une allégorie de nos parcours physiques.

Paris, en super-hub, est relayé par les grandes métropoles de province, qui ont elles-mêmes un fonctionnement du même type plus ou moins ouvert sur l'international. L'enjeu, aujourd'hui, est d'apprendre à lier ce carrefour moteur de création, d'innovation et de richesse avec la qualité de vie revendiquée par les habitants. Autrement dit, le rêve du local, de la ville à un quart d'heure, est-il, et comment, compatible avec l'hyperville ou ville augmentée ? La ville vit de ses fonctions collectives qui irriguent un vaste territoire. De plus en plus souvent planétaire. Là est la source de la richesse. Les habitants de la ville sont comme les employés d'une gare SNCF : ils gèrent les flux. Mais alors, jusqu'où peuvent-ils aménager la ville pour eux-mêmes, sans la tuer comme ville rayonnante ? Dans les batailles urbaines aujourd'hui, ces questions deviennent lancinantes, et elles vont être renforcées par le départ d'une partie des métropolitains, qui voudront, ensuite, revenir souvent dans la métropole.

Comment gouverner la ville augmentée dans l'intérêt de ceux qui y habitent et de ceux qui y travaillent ? Peut-être en proposant à chacun deux voix aux élections locales : l'une, là où il réside ; l'autre, là où il travaille. La première chose à faire est de se rappeler que la ville n'est pas faite pour ses habitants. L'habitant n'est pas au cœur du projet urbain, il est à son service. Ce qui est au cœur du projet, c'est l'articulation de toutes ces échelles – ce que dit d'ailleurs très bien l'urbaniste Jean-Marc Offner. Et il faut se demander comment on « fait ville » maintenant qu'on a inventé la Toile. Qu'est-ce qu'une grande ville ? Une large Toile ?

La métropole est un nœud de lignes à haute tension qui diffère à chaque fois, selon sa localisation, son environnement, le réseau dans lequel elle s'inscrit, le fait qu'elle soit grande, petite, isolée, connectée… La polarisation qu'elle exerce n'est jamais la même, variable dans le temps et dans l'espace. Considérons Apt, ville du Vaucluse, par exemple. Il y a là une vallée isolée, donc la petite ville a des fonctions très importantes, le marché et la place jouent un rôle central, etc. Puis vous avez, à 25 kilomètres de là, des villes dans l'aire de l'ensemble Aix-Marseille, et dans ces villes-là, c'est très différent puisque l'essentiel de l'activité économique, commerciale, culturelle, s'opère ailleurs. Votre représentation du monde, bien souvent, découle de votre place dans ce trafic : entre ceux qui se sentent dans le mouvement de la transformation numérique et écologique du monde, ceux qui sont « dans le *game* », et ceux qui ont l'impression de le subir. Ceux-ci ont le sentiment d'être dans un monde de stocks, bloqués, empêchés. Sans avenir pour leurs enfants.

Ce phénomène ne vient pas de nulle part. Depuis un siècle, le temps de travail a considérablement diminué, libérant du temps à la maison et autour, et l'apprentissage des vacances et des loisirs a développé notre goût pour des plaisirs nouveaux – la natation, le soleil, la nature, les pratiques culturelles… On en a nourri l'envie d'une maison avec jardin et barbecue, un chien ou un chat, des plantations, bref un mélange d'habitat traditionnel et de villégiature, la rencontre d'Haussmann et du Club Med. Comment l'intègre-t-on ? On pourrait presque commencer par revendiquer un droit au soleil : la perspective pour chacun de pouvoir se dorer dans sa chaise longue. La définition du logement pourrait partir de cela, tant on a pu le mesurer pendant le confinement : les plus malheureux furent ceux qui n'avaient aucune ouverture sur l'extérieur, ni jardin, ni balcon, soit près de 12 % de la population. Un jardin (63 % des Français) ou un balcon (25 %) pendant la pandémie, cela valait de l'or.

Il faut donc à la fois favoriser le local, nous y reviendrons, et favoriser les mobilités. La ville est un lieu de rencontres : amoureuses, intellectuelles, culturelles, ludiques, économiques… Avec la révolution numérique – qui a commencé en 2006 avec la naissance de Twitter, mais que cette pandémie impose –, nous sommes entrés dans un monde de réseaux qui est comme une toile tendue au-dessus des lieux où il y a des trains et des gens qui passent. C'est cela qui renforce le pouvoir des deux cents métropoles qui structurent la planète. La ville est un immense carrefour, et la question qui nous est posée aujourd'hui, c'est de savoir comment articuler tous ces modes de vie pour que tous ces gens vivent bien ensemble. C'est très difficile, parce que la démocratie, c'est le vote de ceux qui habitent, et donc le maire est l'élu des habitants. Mais il n'est pas l'élu du moteur urbain. Le moteur urbain n'a pas de porte-parole. Aussi la question devient : comment rendre la ville habitable pour ceux qui doivent y être tous les jours sans décourager d'y venir tous ceux qui portent la créativité de la cité ? Tout en intégrant la contrainte de la Toile, qui est un carrefour encore plus dense et plus aléatoire que la ville elle-même. La Toile est en fait une urbanité augmentée.

Sur ces questions, un travail intéressant a été fait à Rennes autour de l'idée de ville archipel. Depuis trente ans, les élus et les urbanistes construisent la ville pour que chacun ait quelque chose à voir, soit la ville historique, soit des fermes, soit la nature. Le but est que les immeubles ne se regardent pas les uns les autres et qu'il y ait des circulations douces possibles entre ces espaces. Une de leurs difficultés, alors, est de savoir qui habite le centre-ville ancien. Car même restaurés, ces logements sont sans place de stationnement et peu ensoleillés. Ils concentrent beaucoup d'étudiants, qui habitent en colocation le long de ce qu'on appelle « la rue de la soif » – parce que tous ces étudiants sont très actifs le soir –, et des populations pauvres qui habitent là parce qu'elles ne peuvent pas se payer un endroit où il y a un parking, un jardin ou une terrasse.

La réoccupation de lieux anciens est complexe à penser partout car nos modes de vie ont changé. Surtout, avec une population qui augmente et se regroupe dans les régions touristiques ou le long des voies de communication, dépeuplant les montagnes et les « isthmes » (Bretagne, Normandie et Massif central) qui étaient des lieux de peuplement massif dans des époques moins sécurisées. La population a augmenté de 50 % depuis la guerre. La taille des petites villes historiques était adaptée à une population beaucoup plus faible, et, évidemment, on ne peut pas faire entrer la population actuelle dans les petites rues construites au fil des siècles. Comment, donc, réinvestir ces lieux patrimoniaux qui donnent du sens à l'aventure d'y vivre, mais avec nos modes de vie et nos usages contemporains ? La pandémie va accentuer cette double demande, de mémoire et d'art de vivre liés. Le patrimoine, les fermes, la nature, sont devenus la toile de fond d'une vie mobile où les logements grandissent et s'ouvrent sur l'extérieur.

Dans les grandes villes, l'accès à ce type de logement est devenu un privilège coûteux, que certains contournent en ayant deux logements, l'un en ville, l'autre à l'extérieur de la cité, ou en s'éloignant de la ville dans les deux ailes de la « ville augmentée ». Peu à peu, la grande ville se scinde alors entre son rôle de lieu de rencontre – une ville de célibataires – et celui d'espace public – les restaurants, les bars, les lieux culturels étant le lieu de présence des voyageurs ou des travailleurs venus en ville pour un jour ou plusieurs. Le problème ici est que les élus sont les élus d'un territoire : ils en pensent les frontières, alors que les gens vivent sur des flux.

Les habitants ont une double demande. Ils veulent appartenir à un « local » – c'est la ville dite « un quart d'heure », la petite ville, le quartier, le village. C'est pour cela que j'insiste beaucoup sur les tiers-lieux, qui sont les lieux de rencontre entre la vie quotidienne locale, le monde numérique et les artistes. La livraison étant de plus en plus – y compris le télétravail, qui est une livraison de l'emploi à domicile – comme une deuxième nature du territoire : j'aime le local et j'aime être livré. Alors, comment repenser l'habiter avec ces nouvelles contraintes ? Livrer, cela veut dire des camionnettes, et des camionnettes, cela veut dire une régulation de l'énorme machine de livraison qui, sinon, submerge la ville d'outils de transports. Comment répondre à ces deux questions simultanément, c'est-à-dire construire du local et ce monde de livraison en même temps ?

Dans le territoire de la « ville un quart d'heure » ou de la « ville moyenne », les tiers-lieux sont potentiellement les « nouvelles maisons du peuple », comme ont pu l'être, au moins dans l'ambition, les maisons de la culture de Malraux. Au fond, qu'est-ce qu'un tiers-lieu ? C'est un lieu qui se bâtit dans la sphère numérique autour du coworking, et qui fait un lien avec ce qu'on appelait auparavant le monde de la culture. C'est un lieu de formation, où l'on peut apprendre d'autrui. C'est un lieu de développement de micro-entreprises, où l'on peut aider des start-up à démarrer, où on leur offre « le gîte et le couvert », des conseils… Cela aussi relève de la culture des réseaux numériques : conseiller un jeune qui démarre, lui donner quelques idées pour gérer sa boîte, éviter qu'il se plante dès le début. C'est facile pour quelqu'un qui en a déjà créé, mais c'est très compliqué la première fois que vous le faites. Les tiers-lieux doivent être pensés sur cette ambition collaborative. Mais en pensant esprit des lieux et tiers-lieux en même temps. Pas l'un contre l'autre. L'un avec l'autre. Une complémentarité qui prolonge les nouvelles alliances entre local et livraison, bureau secondaire et télétravail partiel.

Jusqu'à présent, quand on avait sa résidence en ville, si on en avait les moyens ou la chance, on la complétait d'une résidence secondaire, ailleurs : la première pour le travail, la seconde pour le repos. Je pense que ce schéma est maintenant, pour partie, périmé : la résidence seconde devenant elle-même un espace de travail, au moins à temps partiel. Le désir de vie dominant est aujourd'hui à côté de la ville. Le lieu de production reste pour l'essentiel dans la ville : c'est ce qu'il faut avoir comme modèle pour demain, un modèle d'hybridité urbaine, peut-être inédit dans l'histoire, car la technique nous donne aujourd'hui la possibilité de vivre avec un pied dans la ville et un pied dans la campagne sans avoir à choisir l'une au détriment de l'autre. Le numérique nous permet en effet d'inverser l'ordre des valeurs : le télétravail devient une sorte de norme, complété par des rendez-vous physiques. L'idée est de se voir quand on en a besoin, et quand on en a envie. C'est ainsi tout le rapport à l'autre qui peut changer, et s'améliorer, car on n'est plus contraints, mais contents de se voir. Paradoxalement, comme nous l'avons précédemment exposé, ce monde qui valorise le périurbain choisi ou la ville petite et moyenne ne vaut pas affaiblissement de la métropole : il prépare le règne de ce que les géographes nomment l'hyperville, c'est-à-dire une ville dont la polarisation est telle qu'elle intègre de plus en plus l'extérieur de la ville, une sorte de « ville hors les murs ».

Attention : la « ville vélo » est un modèle urbain et parisien. N'en faisons pas la nouvelle idéologie bâtisseuse. Les déplacements urbains à vélo représentaient 3 % des déplacements en France fin 2019. L'objectif du gouvernement était alors de 9 % en 2024[1]. La pandémie et le vélo électrique ouvrent, certes, de nouvelles perspectives, mais les deux-roues continueront d'occuper une place mineure, car ce mode de

1. Ministère de la Transition écologique, Le vélo, un mode de déplacement vertueux et avantageux, *Ecologie.gouv.fr*, 9 mars 2021.

transport n'est pas adapté aux familles, aux retraités, aux longues distances, etc. Ne raisonnons pas seulement en fonction des jeunes et des métropoles ! Inutile de remettre les Gilets jaunes sur les ronds-points… La majorité des Français vivent dans une maison avec jardin. Équipons les TGV en porte-vélos, en parkings à vélos aux deux bouts des trajets, mais investissons aussi dans les autres technologies non polluantes de mobilité. À Paris, 20 % du trafic sont liés aux livraisons : cela ne peut pas durer. Regardons du côté de Monaco qui est, là, à l'avant-garde. Et n'oublions pas que la mobilité est l'outil premier du brassage social. Du brassage des cultures et des compétences. Sortir de la modernité pétrolière et automobile est une nécessité. La pandémie marque un tournant décisif, mais gardons à l'esprit que faire société, c'est se mélanger, et que le mélange des populations est affaire de mobilité. L'écologie ne doit pas être antisociale ni favoriser les replis communautaires.

La métropole numérique post-Covid

Le numérique, qui a renforcé depuis vingt ans la métropolisation, va continuer à le faire, car il représente un incroyable accélérateur d'innovations et de connexions. Mais la pandémie de Covid-19 a mis en scène et popularisé un modèle déjà là bien que peu mis en lumière : la métropole à temps partiel. Nous avons commencé à inventer une nouvelle façon de vivre la ville métropole, non plus basée sur la résidence secondaire ailleurs, mais sur le bureau secondaire – à domicile ou à côté du domicile. Cette métropole productrice de richesse que l'on accusait de beaucoup de maux[1] – et notamment d'être une menace de désintégration sociale, un accélérateur de repli individualiste – s'est affirmée pendant la pandémie comme un formidable levier de solidarité avec les chaînes de solidarité numériques, qu'il s'agisse d'organiser la distribution de repas aux soignants ou aux précaires, de lever des fonds, de mutualiser des ressources humaines ou matérielles – les exemples ont été innombrables. Les liens virtuels ont été générateurs de lien social, et si le confinement n'a pas été synonyme d'effondrement, c'est beaucoup au numérique que nous le devons.

Mais cela vaut plus encore pour demain, y compris pour les petites choses du quotidien. On construit maintenant des immeubles connectés, avec une conciergerie numérique qui vous permet de mutualiser multitude de biens ou de services, de l'escabeau à la perceuse – à quoi sert-il que chacun en ait une chez lui alors qu'on l'utilise au mieux dix minutes par an ? –, de l'étudiant du premier étage qui peut faire baby-sitter pour la famille du troisième au Caddie de courses pour les retraités

---

1. Laurent Davezies, *L'État a toujours soutenu ses territoires*, 2021, *op. cit.*

du premier. C'est ainsi que le numérique nous aide à construire une ville durable, circulaire et solidaire. D'ailleurs, dans les quartiers populaires, c'est bien parce qu'une telle forme de solidarité et d'entraide existe déjà que les gens s'en sortent, entre le partage du couscous, la garde des enfants, la réparation de la voiture ou le coiffeur à domicile. Toute une économie du troc et de la qualité de vie est présente. Une ville, un quartier, doivent ainsi se penser avant tout comme des lieux d'échange, de partage et de services mutuels, vecteurs de nouveaux liens. Car si la pandémie nous a fait redécouvrir une perspective de futur, elle nous a également, bien souvent, permis de redécouvrir l'autre. En la matière, cela nous permet aussi de repenser la solidarité de proximité. La pandémie n'a pas été que séparation.

Enfin, quand les flux numériques et physiques se croisent, la société de mobilité devient la société du tout-livrable, naturellement démultipliée par le Covid-19. Non seulement cela ne va pas cesser, mais cela va largement s'accentuer. On tire à boulets rouges sur Amazon, mais avec une pointe d'hypocrisie, car qui peut contester la commodité extraordinaire de pouvoir, d'un clic, recevoir à domicile tout ce que l'on veut, au même prix que ce que l'on allait auparavant chercher parfois loin de chez soi ? C'est vrai pour les livres – et c'est un auteur et un éditeur qui parle – comme pour les pizzas. Avec la pandémie, d'ailleurs, beaucoup de restaurateurs sont en train d'inventer de nouvelles organisations – entre le *click and collect* et la cuisine à domicile –, mais il fait peu de doute que, demain, les pharmaciens, les libraires, les commerces de bouche et nombre de petits commerces de proximité vont se mettre à livrer massivement après l'avoir expérimenté lors du confinement. Comment repenser la ville à cette nouvelle aune ? Le défi logistique qui a commencé de se poser est loin de son terme. La métropole durable ne peut assurément pas être un espace saturé de camionnettes, même si la camionnette qui livre chaque jour plusieurs dizaines de clients est toujours préférable au schéma d'hier où chacun se rendait en magasin avec sa propre voiture, d'un modèle très polluant et dont il était bien souvent le seul passager. On devrait déjà imposer en ville les taxis et les camionnettes électriques.

En France, ce qui est particulier, c'est qu'on a construit une étoile TGV autour des gares parisiennes et que l'on construit maintenant une étoile RER autour de Paris. Les deux étoiles sont bien sûr interconnectées, ce qui permet à la majorité des Français, mais aussi des Belges, des Londoniens, de venir à Paris sur la journée. Ce modèle, que l'on retrouve déjà actif autour de toutes les très grandes cités, est hypertrophié autour de Paris. Les entreprises vont s'habituer à la culture du distanciel. La métropole de Paris (11 millions d'habitants) est la seule métropole de plus de 10 millions d'habitants à l'intérieur de l'Union européenne. L'enjeu est donc de penser Paris, et de faire penser Paris par les Français, comme le « New York de l'Europe ». Et oublions un peu le jacobinisme !

Paris est la chance de l'Union dans le dialogue entre les quatre ou cinq villes globales chères à Saskia Sassen[1]. Et chance pour l'Union, elle l'est plus encore pour ceux qui peuvent y venir et en repartir dans la journée en train, et d'abord les Français et les Belges.

Le « hors-les-murs » de l'intérieur

Il faut s'arrêter un instant sur l'autre part des travailleurs du *care* et du service. Les habitants « des quartiers ». En pensant que la France a augmenté sa population de près de 50 % depuis 1945, dont au moins un tiers est né hors de France. Toujours penser les gens dans leurs trajets. Mais la France est un pays où l'on feint d'oublier qu'en permanence, il y a des gens qui arrivent dans les villes, de l'étranger, souvent de l'ancien empire colonial, voire du monde rural et des provinces. C'est le rôle des banlieues de les accueillir. On appelle ces banlieues lieux de la « politique de la ville », mais ce ne sont, le plus souvent, pas des villes, ce sont des lieux

1. Saskia Sassen, *La ville globale: New York, Londres, Tokyo*, Paris, Descartes, 1996 [1991].

de transformation culturelle et sociale. Les territoires de la mutation[1]. Ce sont des lieux où se présentent des gens qui, petit à petit, vont passer vers la ville, vont monter dans la société. Sur une ou deux générations. Certes, une autre partie va se scotcher dans ces territoires de périphérie. Le flux se défait ici en stock.

Notre ministre « de la Ville » est le ministre « des quartiers ». En fait, il devrait être le ministre « des banlieues », avec comme objectif d'aider les arrivants à se glisser dans la société française, à y prendre leurs marques, à y développer leurs compétences, et d'abord la langue et les valeurs républicaines. Les banlieues devraient être surtout des lieux de passage. La question à se poser, outre les moyens importants à déployer pour cette intégration, c'est quelle force nouvelle, quelle chance nouvelle peuvent naître de ces arrivées. Chaque arrivant ouvre à une biculturalité qui peut par la suite être un pont entre deux cultures et deux mondes. Mais seulement si on le veut. Et il faut éclairer le fait qu'une grande partie des gens qui arrivent dans les banlieues finissent par se diffuser dans la société et dans la ville. C'est le phénomène majeur. Demeure que depuis la guerre d'Algérie, et sous la pression d'un fort courant RN, le travail d'intégration et de valorisation n'est

1. Marie-Hélène Bacqué, Emmanuel Bellanger, Henri Rey (dir.), *Banlieues populaires*, La Tour d'Aigues, l'Aube, 2018.

plus réfléchi ni réalisé. Ne pas oublier le livre très avant-gardiste de Michel Marié et de son équipe, *La fonction miroir*[1], qui soulignait, dans les années soixante-dix, que quand on croit parler des immigrants, on parle souvent de nous-mêmes et de nos propres angoisses.

Ensuite, il y a l'alliance entre l'échec scolaire, le banditisme et le flux, même modeste, des nouveaux arrivants. Comment fait-on pour éviter que ne se créent, là où hier, ils étaient socialisés, outre par l'école, par la culture de la classe ouvrière (et le parti communiste, la maison du peuple, etc.), des phénomènes de fixation où ils seraient socialisés soit par l'extrême droite, soit par les radicalismes religieux musulmans ? Comment bâtir des stratégies ? *Les arrivants du soir*, comme l'écrit mon ami Youssef Seddik[2], étaient, dans l'aventure du flux migratoire, souvent à l'intérieur du territoire de l'ancien empire français. Mais arrivés en France par le bas de l'échelle sociale, ceux qui n'ont pas pu, ou su, trouver le chemin de l'école, puis de l'emploi, dans une société française de plus en plus antagoniste, se retrouvent poussés au séparatisme social pour trouver du sens à leur désarroi et à leur sentiment d'être

1. Michel Marié, Tewfik Allal et Jean-Pierre Buffard, *Situations migratoires – ou la fonction-miroir*, Paris, Galilée, 1976.
2. Youssef Seddik, *L'arrivant du soir…*, 2007, op. cit.

collés à leur faubourg. Abandonnés du flux de l'intégration sociale, ils se raccrochent à la religion, voire à l'islamisme. Une société analysée par des sondeurs devient une photo fixe d'un cheval au galop. Alors même que les immigrants doivent être remis en route, mais cette fois-ci à l'intérieur de notre propre société. Une grande partie d'entre eux y parviennent et disparaissent dans la société générale. On en a retrouvé certains durant cette pandémie dans des figures médicales médiatisées. Ou dans des figures politiques ou artistiques.

Mais les autres, pris à contre-pied du chemin gagné depuis l'Afrique – plus rarement l'Asie –, s'installent dans une contre-société en bordure des métropoles ou dans d'anciens fiefs industriels délaissés. Ils ne sont pas englués d'abord par leur religion et leur culture, mais comme ils sont englués, c'est là qu'ils retrouvent un minimum de fierté. Est-on capables de faire du sport, de l'école, par des moyens considérables, l'outil de socialisation de ces populations ? C'est toute la question. Diviser par deux le nombre d'élèves dans les classes de maternelle était un début de réponse ; c'est mieux que rien, mais ça ne résout pas tout le problème. Est-on capables de refaire de l'école la voie royale de l'intégration pour sortir du quartier ? Cela nécessiterait beaucoup d'argent, de réorganisation. Et de projets !

Ce fut le modèle historique français, le mythe des Hussards noirs de la République, l'imposition de la langue française à un peuple qui utilisait les « patois ». Aujourd'hui, la question est différente. L'école de la République transformait des ruraux vivant localement en citoyens de la République une et indivisible. Ici, nous sommes avec des immigrants qui connaissent le monde et qui ont la plupart du temps une mémoire de la colonisation. Négative bien sûr, mais aussi ambiguë, et c'est pour cela qu'ils viennent en France. Une France où, en 2021, 43 % des habitants trouvent « qu'ils sont trop nombreux » (même chiffre pour les « Arabes »... et les musulmans), pourcentage toutefois en baisse de 12 % en quinze ans malgré les attentats liés à la mouvance islamiste[1]. Mais dans une société fermée où les trois quarts des CV avec prénom « typé » ne sont pas étudiés[2]. Très largement, les replis communautaires, ou par quartiers, apparaissent ainsi au moins autant comme un refus que comme un choix. Et ceux-là mêmes qui leur ont fermé la porte veulent alors les contraindre à disparaître par la force

1. Centre d'observation de la société, De moins en moins de Français estiment que les immigrés sont trop nombreux, *Observationsociété.fr*, 6 juillet 2020.

2. Anthony Edo et Nicolas Jacquemet, Discrimination à l'embauche et entre-soi, *Laviedesidees.fr*, 18 février 2014.

de la loi et de la norme. Mais même rhabillés en costume-cravate et les cheveux au vent, ils n'auront jamais la bonne couleur de peau ni la bonne place dans nos mémoires ! D'où l'enjeu essentiel des combats mémoriels tolérants et d'une vraie stratégie vis-à-vis des faubourgs. Il faut mettre les immigrants dans le flux de la société numérique, métropolitaine et intégrée dans la mondialisation d'où ils viennent et où ils aspiraient à continuer leur route. Ici encore, une refonte démocratique du territoire peut aider à donner de la visibilité et du pouvoir à ces territoires et à ces populations.

Les forces de la France hors les murs des métropoles

La France « hors les murs » du système métropolitain pèse 40 % du PIB, et de multiples exemples de réussites alliant tradition et innovation sont à notre disposition. Pensons au comté, le fromage. Au sud de Besançon, des centaines d'agriculteurs se sont structurés autour d'un fromage qu'ils vendent dans le monde entier car il est facile à transporter. Vous avez là un modèle de développement non métropolitain incluant agriculteurs, meuniers, industriels, commerciaux, politiques…

Le modèle de la Vendée, très différent, est aussi intéressant. À l'origine, ce sont des paysans qui avaient deux solutions : soit ils se « mangeaient les uns les autres » pour grossir

– en général, on mange d'abord les cousins les plus fragiles, et si ce sont des filles, c'est encore plus simple –, soit ils décidaient de devenir tous des paysans industriels. C'est ce qu'ils ont choisi : ils ont créé petites entreprises sur petites entreprises. Ailleurs, pensons à la vallée d'Aspre, aux villes alpines… Pensons aussi à Mouans-Sartoux, qui a été pionnière pour contractualiser la nourriture bio de ses écoles avec des fermiers devenus salariés municipaux. Ces exemples indiquent qu'il peut y avoir d'autres modèles de développement que la métropolisation ; mais il y faut de la cohérence culturelle et politique. Cela rappelle qu'il n'y a pas de lieux condamnés, il y a seulement des lieux sans projet. Et, parfois, des lieux écrasés par le deuil d'une puissance perdue – et là, il faut du temps pour réinventer et reconstruire. Pensons à certaines vallées minières ou industrielles du Grand Est et des Hauts-de-France, voire du Massif central.

En outre, le numérique pénètre à toute vitesse le monde agricole lui-même. De plus en plus d'agriculteurs traitent leurs champs en fonction de cartes numériques pour savoir où est la maladie, où est l'attaque – au lieu de traiter 10 hectares, ils traitent 500 mètres carrés… Sans parler de la croissance de la vente sur internet et des circuits courts. Même si dans les territoires ruraux, il existe des réseaux que l'on n'utilise pas, ou peu. Certaines communes, par exemple, sollicitent les résidents secondaires, en se faisant la réflexion que « le propriétaire qui a une grosse résidence secondaire a forcément de gros réseaux ». Tous les ans, le maire réunit quelques résidents secondaires influents. Souvent, ceux-ci sont fiers d'être « traités » comme des « quasi-habitants » sans l'être. Ainsi, avec soixante-treize « voisins », nous venons d'investir dans un tiers-lieu en Bretagne, à Pont-l'Abbé, pour quelques milliers d'euros chacun. Une partie sont des « locaux » : patrons de la librairie, hôtelier, notaire, petits industriels, etc. Les autres sont des propriétaires de résidences secondaires, des Belges, des Parisiens, des Marseillais… Les deux réseaux se sont associés. On a acheté un hôtel pour en faire un tiers-lieu à la fois culturel et de codéveloppement. Le Département envisage d'y installer un espace de service public. On associe le privé et le public. On a investi chacun 5 000 ou 10 000 euros : à 70, ça commence à avancer assez vite ! Dans des territoires un peu isolés, ce type de modèle collaboratif entre le privé et le public peut contribuer à restructurer puissamment les territoires. Et à y fixer les télétravailleurs post-Covid en ouvrant aussi des emplois et des réseaux aux jeunes de la petite ville.

Bien sûr, comme toujours, il faut mettre de la nuance dans l'observation des phénomènes : la ville n'est pas le monde exclusif des flux, ni la campagne, celui des stocks. Car, en réalité, il y a aussi dans les villes, dans les métropoles, des mondes de stock. À Marseille, dans les quartiers les plus pauvres, certains ne sont jamais sortis de leur quartier. Il est peut-être plus facile de les brancher sur le flux parce qu'ils sont à proximité, mais il reste qu'ils ne sont pas branchés.

Refonder la France rurale et paysanne

Quittons un moment la ville pour visiter l'autre force du monde naissant, la ruralité, la France paysanne, qui reste la base historique de l'identité nationale et de ses symboles, même si depuis quelques décennies cette construction des appartenances est moins utilisée – hors, peut-être, lors du Salon de l'Agriculture. Or la revalidation de la France hors métropole, l'attrait pour les jardins et les villes plus petites, peuvent permettre de refaire le lien avec ce patrimoine fondateur. Souvenons-nous. Le modèle politique de la France, en 1871, après la Commune de Paris, s'est appuyé sur un nombre important de paysans qui, alliés aux bourgeois des villes – la France des propriétaires –, devaient soutenir la « République paysanne » face aux mouvements ouvriers des villes. Depuis, les paysans français ont fait, chaque fois, ce que la République leur a demandé de faire. Sous la Troisième République : être propriétaires, chefs de famille, conseillers municipaux et soldats. Garantir, donc, la République, tenir les 36 000 communes, et mourir à la guerre, puisque des bataillons entiers de jeunes paysans ont peuplé les tranchées quand l'Allemagne envoyait ses ouvriers.

La France a fait alors, pour des raisons politiques, le choix d'un peuple agricole nombreux, et peu productif car sur des fermes trop petites. C'est ce qui explique la colonisation « par la terre », en particulier en Algérie : il fallait importer une alimentation produite en quantité insuffisante sur notre sol. Cela explique aussi la suite de l'histoire agricole française. Il a fallu conquérir « l'indépendance alimentaire » après 1962, pendant gaulliste de « l'indépendance par le nucléaire ». D'où le développement de l'agriculture « chimique » et technique, remembrement, arasement des haies, concentration des fermes. Le modèle agricole qui aujourd'hui pose problème fut une victoire paysanne au nom de l'indépendance alimentaire d'une nation marquée par les pénuries de la guerre et par la décolonisation. On ne doit pas oublier pourquoi les paysans se sont lancés dans ce modèle, raison qui explique qu'il soit difficile, pour un certain nombre d'agriculteurs âgés, de remettre en cause cet héritage, car c'est ce qu'ils ont appris de leurs pères qui, eux, étaient très fiers du travail accompli. Et à juste titre.

Dans cette optique, les agriculteurs ont recherché depuis un demi-siècle à faire toujours plus moderne – avec les machines, le confort, la propreté, l'investissement technologique – pour ne plus être considérés comme des « ploucs ». Mais la grande « méditation collective » créée par la pandémie change les choses. Des centaines de milliers de gens vont changer de vie, de métier, déménager. Une sorte de *Plouc Pride*[1] émerge. Nos attentes vont être de ne pas avoir souffert pour rien et que cela ne se renouvelle pas. La pression pour une lutte radicale contre le changement climatique s'accélère. Les sondages sont déjà très nets. On va se détacher de la modernité pour s'intéresser à l'esprit des lieux, à l'unicité des terroirs, à l'art de vivre, mais dans un environnement numérique et hyperconnecté. Le futur est coopération et limites, local et connexions.

Un quart des nouveaux agriculteurs ne sont pas des successeurs directs. Mais il y a parmi eux beaucoup d'héritiers au deuxième degré, des petits-fils d'agriculteurs… Ils ont fait des études commerciales ou informatiques. Ils développent des exploitations en prenant la question dans le sens inverse de ce qui a été fait jusqu'ici ; ils pensent : « Qu'est-ce que les consommateurs ont envie de manger ? » C'est un changement radical de paradigme pour l'agriculture, de penser à l'utilisateur en premier ! Cela se matérialise dans la petite transformation, le circuit court, la vente directe,

1. Valérie Jousseaume, *Plouc Pride*, La Tour d'Aigues, l'Aube, 2021.

le marché paysan, les Amap, le bio… Cela permet au client de remettre un visage sur l'aliment et bouscule le monde agricole. Les coopératives, démonétisées, ont dû recommencer à parler de qualité, à se réapproprier l'esprit des lieux, qui relie le terroir à la nourriture. Cette démarche, celle du consommateur au champ et non du champ au consommateur, a beaucoup d'avenir. Et ce qui change rapidement, c'est la place de l'élevage, de la viande. L'élevage, qui est l'activité la plus pesante à gérer en agriculture parce que les animaux ont besoin des humains tous les jours, ne disparaîtra pas, mais les préoccupations environnementales poussent à sa réduction. On mangera sans doute plus de carottes-bœuf que de bœuf-carottes, comme le dit le chef Thierry Marx[1].

L'agriculture est un métier d'avenir qui peut être revalidé par nos désirs non métropolitains. Une bataille considérable s'est engagée, avec un changement nécessaire de modèle agraire et forestier. L'agriculture doit s'ouvrir au captage du carbone, au bois, à la biomasse, à l'énergie éolienne ou solaire, à la protection des paysages et des écosystèmes. La ville a beau être prise dans sa révolution « écolo-bobo-bicyclette », elle a beau penser qu'elle peut subvenir seule à ses besoins avec l'agriculture urbaine, cela reste

1. Antoine Comte, Thierry Marx : « On prie pour une réouverture des terrasses des restaurants en avril », *Publicsenat.fr*, 26 février 2021.

une illusion. Paris consomme, par exemple, 3 millions d'œufs par jour. On peut toujours envoyer les poules…

On verra, en revanche, de nouvelles formes agricoles émerger. Je plaide pour la naissance de 40 000 fermes communales qui serviraient les besoins locaux des écoles, comme à Mouans-Sartoux. Nous aurons sans doute, bientôt, 100 000 fermes bio. De nombreux agriculteurs cultivent déjà sans labours, dans le respect des sols. Ce sont ces projets qui doivent nous rassembler autour du soin au corps charnel de la patrie, composé de 54 % de terres arables et de 31 % de forêts[1]. Le métier va devenir de plus en plus technique, qualitatif. Il va falloir investir beaucoup dans la recherche de nouveaux outils, dans la surveillance des champs depuis l'espace, dans la formation continue des hommes… Les savoirs ont profondément changé. Avec l'arrivée de nouvelles générations, on apprend désormais dans les livres autant que dans les champs. Une libération des carcans de la transmission familiale. La chance de l'agriculture est dans le renouvellement des générations ! Il faut arrêter de dire que c'est un métier de fils de paysans et commencer à le considérer comme un métier comme un autre. On peut l'apprendre,

1. Voir Surface agricole utile, *Actu-environnement.com*, s.d. ; et Nouveau record de surface pour la forêt française, *Euractiv.fr*, 17 janvier 2020.

exactement comme les autres ; il faut développer des pépinières agricoles comme on développe des pépinières d'entreprises, avec des accompagnements de projets, comme pour les start-up. Cela reste, toutefois, un métier contraignant, où on travaille quand la nature le demande, quel que soit le temps, ce qui est une différence fondamentale avec la société urbaine, société de l'intérieur qui ne sort que quand il fait beau.

La nouvelle agriculture se heurte à la question du foncier. Les jeunes agriculteurs ne peuvent plus passer leur vie à acheter le sol, cela ne peut pas être un objectif. Ceux qui entrent dans le métier ne doivent pas porter cette charge, qui est bien trop lourde. C'est un énorme capital immobilisé, et s'en libérer permettrait un travail plus qualitatif sur l'innovation et les marges économiques. Il faut réfléchir à des coopératives foncières régionales qui reprennent les terres en viager pour les louer. Peut-être avec des actionnaires ruraux ou résidents secondaires. Le bail pouvant être très long, et même transmissible. Il y a de nombreux pays en Europe, comme l'Allemagne, où les paysans ne sont pas propriétaires de la terre. La terre est aussi un enjeu symbolique : séparer le foncier du paysan, c'est faciliter les arrivées et rompre avec la logique selon laquelle si on n'est pas de la famille ou du milieu, on n'a pas sa place.

Or le premier confinement a mis en valeur les circuits de proximité et l'importance du rôle des agriculteurs dans la chaîne alimentaire. Les paysans ont retrouvé leurs lettres de noblesse auprès de la population. Depuis dix ans, on assistait à une double tension entre la société et les producteurs. La première a été provoquée par l'arrivée de citadins venus habiter dans les villages ou dans des lotissements construits sur des terres agricoles à proximité des fermes, des odeurs et des bruits de la campagne. Les 16 millions de maisons avec jardin en France occupent de l'espace ! La cohabitation entre ces ruraux et périmétropolitains et les exploitants s'est avérée parfois difficile, les premiers accusant les seconds de tous les maux.

Mais les paysans comme les autres ont compris durant cette pandémie que l'homme n'est pas maître et possesseur de la nature, et qu'il doit s'adapter en permanence pour gagner le combat contre le dérèglement climatique qu'il a lui-même induit. En matière agricole, cet effort d'adaptabilité culturelle, technique et économique est en cours, mais avec de grandes difficultés. Le Covid-19 a renforcé l'attachement des consommateurs à des produits de qualité produits en France qui soient plus vertueux vis-à-vis de l'environnement et du bien-être animal. La question de la production de la nourriture, de l'énergie, du vêtement, etc., à l'intérieur du territoire rural et forestier est un élément central des sociétés de demain. Cependant, de même que ce n'est pas aux militaires de décider des guerres, mais au politique, le projet d'un autre monde paysan dans une société qui refonde son rapport au sol et à l'habitat est un projet à porter par toute la société. Après la réforme foncière de 1789, la réforme politique de 1871, la réforme alimentaire de 1962, vient donc le temps de la réforme écologique, territoriale et numérique de l'agriculture. Dans un monde où, aujourd'hui, les fermes forment souvent un archipel entre des lotissements, des bourgs ou des petites villes connectées aux métropoles. S'il faut penser ferme urbaine, il faut aussi penser urbains des champs.

Éloge du voyage

On ne peut plus penser une société sans les voyageurs. Ils sont souvent plus nombreux que les habitants. La France, pays de 68 millions d'habitants, faisait le projet en 2019 de recevoir 100 millions de touristes, sans compter les centaines de millions de voyages des Français en France. La pandémie a cassé le mouvement, mais pas la vague de fond, qui n'est qu'à l'arrêt. Car le voyage est devenu la double peau du territoire. Le lointain descendant de notre race nomade qui a conquis et reconquis le globe. Avant la Grande Pandémie, un humain sur cinq franchissait une frontière chaque année. Dont une bonne partie pour des voyages intrafamiliaux au sein de familles mondialisées. Un milliard et demi de femmes et d'hommes, d'enfants, ont ainsi parcouru le monde en 2019 pour la découverte, le loisir, le travail, l'amour, la culture, l'éducation… 10 % d'entre nous ont un emploi grâce à ces voyages. Sans compter les fabricants de voitures, d'avions, de routes, de ponts, de musées, de festivals, de parcs… L'humanité se construit là un commun, une culture partagée, une agora extraordinaire, des amours multiples. L'internationalisme triomphe enfin, à bas bruit. En 1968, 2 % seulement de l'humanité franchissaient une frontière. 2 % ! Soixante millions. Aujourd'hui 20 %. Demain ?

Récemment, dans mon village de Provence, un bus de Chinois – que faisait-il là ? – s'est arrêté devant la boucherie de Raymond, en bas du bourg. Ils sont descendus du bus, sont entrés dans la boucherie et ont, chacun, photographié tous ses saucissons – il les fait lui-même, ils sont beaux et bons. Ils sont repartis sans rien acheter. Libre à chacun d'imaginer « ce qu'ils ont vu ». Quand j'étais enfant, une telle scène était impensable. On parlait alors du « péril jaune » et de « nourrir les petits Chinois ». Anecdote ? Non, émotion et humanité. Révolution culturelle d'une extraordinaire puissance. Une humanité est en cours de construction, au-delà de ses différentes cultures, nations, couleurs et croyances. Une humanité trop masquée par la mondialisation de l'économie des objets.

La Grande Pandémie de 2020 a figé tout cela. Certains y voient un bienfait écologique ou culturel. Ne peut-on pas, disent-ils, enfin aller tranquillement au Louvre sans faire la queue ? Les propriétaires de logements Airbnb n'essaient-ils pas enfin de les louer à des étudiants ? Certes, les 10 % d'emplois touristiques sont en voie de disparition, les emplois culturels aussi, les étudiants n'ont pas de petits boulots pour payer leur loyer… Les compagnies aériennes sont au bord de la faillite, on supprime des trains, préférant la voiture et le vélo. Cette décroissance violente et brutale prépare-t-elle un avenir nouveau ? Ou une crise économique et sociale effroyable ?

Disons-le simplement : les activités touristiques et culturelles seront les plus faciles à remettre en route. Et tant mieux. Rien n'est cassé. En deux ou trois ans, on devrait retrouver la passion de se voir les uns les autres. De se rendre visite, de revenir au pays de ses parents, de découvrir cette terre dont les hommes ont fait un monument de travail, de patrimoine, d'œuvres « naturelles », mémorielles ou artistiques. Avec, certes, pas mal d'horreurs !

Seulement, nous avons également appris de cette pandémie. Ce petit virus naturel est comme un « détonateur écologique » qui nous fait, tous, prendre brutalement conscience de l'urgence climatique. Mais aussi de notre capacité à mutualiser nos efforts pour mener le combat. Alors, comment redévelopper le voyage et la découverte de l'autre, et de la terre qu'il a façonnée, mais en étant moins intrusif et moins polluant ? Voilà la question. De cette pandémie doit naître un code mondial du voyage. Peut-on bloquer des dizaines de milliers de logements dans les très grandes métropoles avec des résidences secondaires peu utilisées ? Peut-on continuer à voyager en avion quand on peut effectuer le même trajet avec un TGV sensiblement équivalent en temps, ou va-t-on inventer des avions moins polluants ? Peut-on interdire les énormes bateaux dans la lagune de Venise[1] ? Peut-on… Oui, il faut des règles. La puissance de l'économie touristique n'autorise pas tout, ni la prostitution, ni la pollution, ni la destruction. Oui, il faut une politique touristique, et d'abord en France et en Europe, avec des règles, des contrôles, pour favoriser le voyage sans détruire ni la nature ni les cultures, objets mêmes du voyage. Oui, il faut apprendre de cette pandémie, et en premier que le voyage local, proche, peut être un vrai voyage.

Pour autant, ne laissons pas les ennemis des mobilités régir le monde. On a déjà donné à l'époque communiste. L'humain est une espèce

1. Fin mars 2021, le gouvernement italien a interdit les grands paquebots dans le centre historique de Venise. V. Olivier Tosseri, Les navires de croisière bannis du centre de Venise, *Lesechos.fr*, 27 mars, 2021.

migrante qui aime les lieux. Peut-on demander aux professionnels du secteur de profiter de cette pandémie pour commencer à proposer une charte des bons usages du voyage, à négocier avec nos démocraties ? Après presque un an d'arrêt, les voyages et le tourisme vont reprendre lentement. Difficilement. C'est le moment de réfléchir, d'intensifier la dimension culturelle des voyages, de s'interroger sur des temps libres moins polluants, des régulations en matière de transport, mais aussi de densité des flux de touristes à certains moments, à certains endroits. Le sur-tourisme n'est pas une invention, même si le rejet de l'autre y tient sa place.

Le sous-tourisme, lui, nous mène à la dépression. Il nous a montré sur un an que les voyages et les loisirs sont le cœur du lien social. D'un point de vue économique, bien sûr, et différemment suivant les pays, mais plus encore. Le tourisme a pris la place des grands liens religieux ou politiques qui structuraient les sociétés de jadis. Processions, pèlerinages, carnavals, défilés…, ont mué en pratiques dites touristiques. Puis les pratiques syndicales et politiques, les manifestations, se sont peu à peu estompées, et là encore les liens touristiques ont pris leur place, y compris en intégrant la politique à la fête, comme à la Fête de l'Huma, ou le religieux aux voyages, comme à La Mecque. Même la cité que nous aimons, avec ses bars, ses restaurants, ses musées, ses spectacles, est un mélange de la vie habitante et de la vie voyageuse. Les deux se tiennent. Forment couple.

Le retour au sol

Ainsi nos sociétés se tendent, entre les sols qui produisent, réglés par les saisons et la possession du foncier, et les métropoles réglées par la densité des connexions entre la Toile et la cité. Mais la majorité des habitants habitent entre les deux, dans l'immense ville-jardin périmétropolitaine ou dans les réseaux des villes petites et moyennes. Ce territoire tiré entre deux forces essentielles à notre avenir ne peut plus être organisé politiquement par un maillage communal issu des anciennes paroisses d'une France majoritairement paysanne et rurale. Trop de trajets de vie ne s'y retrouvent pas, et n'y trouvent pas de commun. C'est d'ailleurs pour cela que depuis un demi-siècle, on ne cesse de proposer des évolutions : « pays », « parc », « communauté de communes », « régions » plus ou moins grandes, rapprochement département région… Le seul problème étant qu'on ne part pas des pratiques sociales pour faire ces montages, mais des négociations avec les 500 000 élus locaux. Mais peut-on demander aux constructeurs d'automobiles, ou aux marchands de charbon, de gérer la crise écologique ? La question est à peu près la même, nous y reviendrons.

Cela dit, la civilisation numérique et écologique qui émerge de cette Grande Pandémie est donc d'abord terrienne. Localement et globalement. Car vivre sous la Toile permet un retour au local, un réenracinement dans les lieux et dans leurs mémoires et leurs mythes. Mais dans une logique où le voyage est la deuxième peau du monde, voyage physique ou numérique. Et où la science, le savoir, l'intelligence artificielle, l'art, sont les forces à déployer pour remettre du vivant dans le vivant. Ce réenracinement dans le passé, cette réinterrogation sur la création, sur l'autorité des anciens, ce respect nouveau pour les écosystèmes et l'auto-organisation de la nature, ne nous enferment pas dans le local. Ils font de nous des êtres planétaires et locaux *en même temps*. Numérique et jardinier. Issu du passé et combattant du futur par la lutte contre le réchauffement climatique – aux niveaux local et planétaire en même temps. Revenir aux lieux, en cela nous mondialise. C'est exactement ce que nous avons fait contre la pandémie. Coopérer et respecter les limites. Souvenons-nous de Miguel Torga : « L'universel, c'est le local moins les murs[1]. » Moins les murs, pas sans limites.

1. Miguel Torga, *L'universel, c'est le local moins les murs*, conférence prononcée au Brésil en 1954, Paris, Gallimard, 2010.

8
Pour une gestion spatiale des sociétés

J'habite la province. C'est la France que j'aime. Celle qui ne cherche pas à dominer les autres, mais rêve seulement parfois de se gouverner un peu plus elle-même. Celle qui a un esprit des lieux bien à elle, des singularités propres à chaque territoire. Paris, d'ailleurs, ne fait pas exception : elle est une de nos provinces, merveilleuse et magnifique, mais aussi pleine d'arrogance et d'entre-soi. Il y a pourtant longtemps que nous l'avons conquise, nous les provinciaux, en y étant largement majoritaires, dans les rues, les bureaux, les cafés et les alcôves – même sans compter les migrants venus d'Afrique ou d'ailleurs. Nous venons souvent y finir nos études, y jeter notre gourme, y trouver notre premier emploi, avant de nous en éloigner, mais en y revenant sans cesse, comme dans un lieu de villégiature où nous aurions nos habitudes. Car, dans notre histoire hexagonale, tous les chemins mènent à Paris. Paris est devenu le grand lieu de passage des jeunes célibataires de province et du monde, des travailleurs qui s'y croisent, des dizaines de millions de touristes qui l'adulent. Hier, on « montait » à Paris ; aujourd'hui, on y passe et on y repasse.

Je vis à la campagne depuis quasiment toujours. J'habitais à Marseille quand j'étais enfant, mais à Château-Gombert qui était un village avec ses vaches et ses cochons. Mai 68, je le « fis » à Orléans, où nous habitions au bord du Loiret. J'ai loué ma première ferme en 1969, dans le Vaucluse, en gardant un petit logement près du Vieux-Port de Marseille et, depuis 1975, j'habite à la campagne en permanence. Pour moi, la porte de la ville est un café. À Marseille, la Caravelle, sur le Vieux-Port, avec un petit balcon au premier étage d'où l'on peut admirer le port en dégustant l'aïoli. Je n'ai pas besoin de le commander, on me le sert d'office. À Paris, c'est dans le quartier de l'Odéon que j'ai mes habitudes, au bar Le Danton pour le petit déjeuner – on m'y appelle « Monsieur Jean » – et, en face, aux bien-nommés Éditeurs. Le restaurant avec la façade rouge. Je travaille là, je mange là, j'y reçois mes rendez-vous. Le personnel m'a à la bonne. On m'y prête même une salle isolée quand il le faut, et je séjourne en haut dans la rue, dans un petit hôtel délicieux où allait déjà mon beau-père après-guerre. Toujours la même chambre. Pas besoin de bureau, la ville a des cafés merveilleux, lieux de rencontre parfaits. Je suis « bi », une birésidence qui me semble avoir beaucoup d'avenir, nous y reviendrons.

Cette capitale, que nous aimons détester, nous fascine et nous épuise. À l'issue du premier confinement, j'aurais pleuré de joie à marcher dans ses rues, à humer son ambiance, à pouvoir y retrouver mes habitudes. Mais après trois ou quatre jours, il me faut rentrer dans ma province, où m'attendent ma famille, mes chiens et mon jardin. En ces terres du Sud, du soleil, des nuits étoilées et des ciels si purs par temps de mistral, des pins et du populaire. Par contraste, la « petite » élite parisienne, qui de plus en plus se reproduit sur les bancs des mêmes grandes écoles, est trop propre sur elle, trop à l'aise à converser du dernier spectacle, de la dernière rumeur, de son dernier séjour à Arcachon, Marrakech, Deauville, Gordes ou Ramatuelle. Sans bien comprendre le monde de mobilité, de numérique, de discontinuité, d'origine et de culture où nous vivons, nous autres « ploucs ». Mais ne rejouons pas sans cesse OM-PSG. Apprenons chacun de l'autre.

Si le sommet de l'Olympe paraît souvent vide et écrasé par l'entre-soi, ce n'est que relatif. Il n'est vide que relativement, car partout sourd la vie, le savoir, le désir, le monde, l'éducation et la culture. Les petites robes sont les mêmes, les coiffeurs et les coiffures, les restaurants et les bars, les hôpitaux et les universités. Les inégalités aussi, les replis et les couleurs de peau. Les spectacles, les films, les marques et les uniformes des préfets et des gendarmes. Le Championnat de France de football illustre très bien cela. Et quand Paris y domine, c'est avec l'argent d'une pétromonarchie du Golfe. De Gaulle débrancherait sa télévision.

Vous voyez, je soutiens l'OM avec une totale mauvaise foi. Un vrai supporteur. Les progrès d'une culture nationale homogène ont été considérables depuis la guerre, même si on insiste sans cesse sur les écarts entre ruraux et urbains, immigrants récents et plus anciens, provinciaux et Parisiens. La société, en réalité, est extrêmement mobile, du moins pour la majorité de la population. Les médias sont les mêmes, les écoles, les hôpitaux, les clivages sociaux, les antagonismes d'origine, la formation des coiffeurs, les chaînes commerciales… Et peu à peu nous faisons France ensemble, chaque jour un peu plus tolérants. Je sais, c'est contre-intuitif, mais les chiffres des sondages réguliers sont clairs[1].

Je parcours la France sans cesse pour faire des conférences, débattre, écouter. Mon poste au CNRS est rattaché à Sciences Po Paris depuis plusieurs décennies par un étrange

1. Centre d'observationde la société, De moins en moins de Français, 2020, art. cité.

et heureux accident de l'histoire politique. Le Cevipof cherchait un observateur attentif du FN dans le sud de la France où je vis, et j'ai ainsi commencé à travailler avec cette équipe. Rattaché à Paris, mon lieu de travail fut donc fixé… dans le Sud où je vivais ! Jamais je n'aurais voulu vivre à Paris et aller à Sciences Po à pied parler de la France et des questions sociales. Le réel aurait été trop loin. Je préfère mon « petit laboratoire rural » que j'observe depuis plus de quarante ans jour après jour. Avec quelques plongées dans la vie publique marseillaise où je suis même devenu conseiller municipal durant six ans. Mon premier livre, écrit avec Michel Marié, s'appelait *La Campagne inventée*[1]. Ce fut le premier livre des éditions Actes Sud. Éditer hors de Paris était alors une hérésie. Nous étions en 1977. Le territoire et ses usages est donc ma culture et mon mode de vie, mes batailles politiques aussi. Je me suis toujours senti aussi proche des habitants des petits villages où j'habite que de mes collègues universitaires. Je préfère aller débattre au congrès d'une chambre d'agriculture que de parler de l'islamo-gauchisme.

1. Michel Marié et Jean Viard, *La campagne inventée*, Arles, Actes-Sud, 1978.

Je raconte cela parce que les néoruraux[1] post-68 ont été des précurseurs. Des urbains au champ, des diplômés à la campagne, des écolos avant l'heure, bien souvent en colocation, comme on dit aujourd'hui. Nous appelions cela des communautés. Ils ont apporté avec eux une contre-attaque vigoureuse à l'imaginaire des campagnes qui se vident, à un exode pensé inévitable. Mais les TGV n'existaient pas ; internet n'existait pas ; 50 % seulement des dames travaillaient ; l'avortement était interdit ; le service militaire, obligatoire ; et les écarts culturels entre Paris et la province ressemblaient encore un peu au monde d'Honoré de Balzac. Avec cependant les grands festivals d'été créés après-guerre pour apporter la culture au peuple et aux provinces. Hommage à Jean Vilar.

Un territoire transformé

Depuis, que de chemin parcouru ! Et quand la Toile se tend peu à peu au-dessus du territoire au début du XXIe siècle, elle ne fait en réalité qu'accélérer le travail effectué par la télévision, les TGV, les autoroutes, les fax… La Grande Pandémie, en nous faisant basculer dans un monde écologique et numérique, parachève ce travail en profondeur qui

1. Bertrand Hervieu et Danièle Léger, *Des communautés pour les temps difficiles : néo-ruraux ou nouveaux moines*, Paris, Le Centurion, 1983.

a touché aussi bien les territoires physiques que nos imaginaires. Le sol de France a gagné là une homogénéité considérable, avec des poches de deuil dans d'anciens sites industriels ou paysans délaissés pour le moment, et des poches de replis communautaires, mineurs mais réels, autour de groupes immigrants tenus en marge ou de groupes identitaires émergents. Mais la société dans sa « vérité statistique » se rassemble. L'égalité au travail, la lutte contre les discriminations, l'autorisation des recours collectifs en justice, les CV anonymes, l'autorisation pour les travailleurs étrangers de devenir fonctionnaires, la régularisation des travailleurs sans papiers, et même le droit de vote des étrangers non européens résidant en France, tous ces items ont progressé fortement depuis 2015, tous sont largement majoritaires aujourd'hui. Et la jeunesse est encore beaucoup plus tolérante que ses aînés, en particulier sur le port des signes religieux à l'école. Nous avons, depuis 1968, éduqué nos jeunes ensemble, en particulier avec le collège unique mixte, et le résultat est là. Attention à la « pensée vieux con ». Je me demande parfois si leur acceptation légèrement majoritaire des signes religieux à l'école, plutôt qu'un recul de la laïcité, n'est pas un progrès du vivre-ensemble[1].

---

1. « Droit au blasphème », laïcité, liberté d'enseignement…, enquête Ifop, 3 mars 2021, en ligne.

Alors, pour nous réenraciner dans le réel, pour y réenraciner la démocratie, il va falloir remettre sur l'ouvrage les territoires politiques de la République. Ce fut le projet de 1789, celui-là même qui valorisa une France mathématique et physique pour un peuple essentiellement piéton. L'aristocratie y fut (là, symboliquement) spatialement décapitée. La famille de France, les ducs de Lorraine ou de Provence, le vicomte de Marseille…, tout cela fut jeté aux orties dans les ruines de l'ancien monde. L'espace fut redessiné en fonction des parcours de l'administration. Un canton atteignable en entier dans la journée depuis le chef-lieu pour un fonctionnaire à pied, un département, à partir de la préfecture pour un fonctionnaire à cheval. Au fil du temps, on s'y est habitué, les sentiments d'appartenance s'y sont enracinés. Comme dans le maillage communal.

Mais depuis un demi-siècle, on se prend les pieds dans le tapis des Excellences. On multiplie les postes d'élus pour intégrer les dames sans rien enlever aux messieurs. On ne modifie aucune frontière intérieure, car elles sont le socle des carrières électives longues. On en multiplie le nombre par empilements et silos emboîtés. Mais sans résultat. Alors, le peuple, de plus en plus, ne participe plus à cette démocratie des places. Pourquoi ? Simplement parce que la moitié d'entre nous ne vit plus dans son département de naissance, que nous

nous déplaçons beaucoup, que nous déménageons souvent, et surtout, que les enjeux des questions qui pourraient nous mobiliser ne sont plus – sauf cas particulier – à l'échelle des communes, des cantons et des départements. Alors, comment penser ensemble local et république, démocratie de projet et habitants ?

Il faut repartir du vécu et du réel. Et du nouveau récit qui nous lie pour un nouvel enjeu de civilisation. La Grande Pandémie remet les pendules territoriales à l'heure en dessinant une société urbano-terrienne, celle de la métropole augmentée, écologique et numérique. Un territoire qui se développe sera donc, plus demain qu'hier, un territoire qui est chargé en mémoire, en identité, et qui est connecté avec le monde numérique et scientifique. L'urbain est sorti des villes, et la campagne y entre par les fermes urbaines, le respect des fleuves et des rivières, les projets forestiers, dont le plus emblématique est celui de Michel Desvigne autour de Montparnasse, à Paris[1]. Il avait déjà pensé cela autour du Vieux-Port de Marseille, mais pour l'instant son projet est, là, à l'arrêt. Le rapport d'équilibre entre le passé et le désir du futur s'inverse, le présent se recharge en mémoire pour se lancer dans la bataille numérique pour réguler l'évolution du climat.

1. Jean-Pierre Gonguet, Michel Desvigne : « Faire un quartier, c'est l'histoire d'une génération », *Lemonde.fr*, 9 décembre 2019.

Dans ce monde modernisé et homogénéisé, la démocratie a faibli. Les élus sont devenus trop nombreux pour être visibles « dans le poste », et le récit de la lutte des classes, qui permettait d'organiser des appartenances sans grand territoire physique, s'est donc estompé. Cela est particulièrement vrai en France où les cadres territoriaux sont peu puissants, à la différence de nos voisins européens qui sont soit de petits pays, soit des pays régionalisés. Le système territorial français post-1789, pensé comme un maillage de l'appareil d'État, coupé de ses racines historiques, ne peut remplacer le recul du récit des classes. Peu à peu, l'abstention a gagné, les partis populistes ont progressé. Nous n'y reviendrons pas, mais cela permet de faire l'hypothèse d'un vieillissement des cadres politiques et de leur inadaptation à nos vies et à nos choix les plus récents. Quand les électeurs se retirent du vote, il me semble qu'il faut toujours d'abord se demander si le vote proposé a de l'intérêt pour eux. Or, sur ma seule génération, j'ai vu apparaître des élections pour les régions, pour l'Union européenne et, de manière moins directe, pour les métropoles et les communautés de communes. Sans parler du « dédoublement genré » des élus départementaux, qui ont, pour des raisons mystérieuses, cessé d'être des conseillers généraux. Les voitures aussi ont cessé d'être identifiées par département. Comment voulez-vous que les citoyens s'intéressent à cette pluie d'innovations et d'élections dont, la plupart du temps, ils ne perçoivent pas la finalité ? D'autant qu'en parallèle, le thème démocratique à la mode, c'est la démocratie participative, sans même parler des conférences citoyennes !

Cette multiplication des assemblées a épuisé notre désir démocratique. Surtout si on y ajoute les élections sociales, syndicales… Et rares sont les cas où un leader incarne l'enjeu. Seule la présidentielle. Est-ce vraiment raisonnable ? Tant que le récit de la lutte des classes portait le débat politique, le système tenait. La France rurale tenait par les champs et la forme des paysages ; la France urbaine, par les combats pour la répartition des fruits de l'économie. Mais depuis 1989 ? Nous sommes gouvernés partout par des majorités improbables, souvent fruits de compromis complexes. Où est le sens de l'action, et ce dans un monde régulé quasi uniquement par la logique des chaînes de valeur ? La réforme est, à nouveau, devenue une quasi-religion.

Pour avoir été élu moi-même dans une mairie de secteur, la mairie de Marseille et la Métropole Aix-Marseille-Provence, je peux témoigner qu'en six ans de mandats, pas une seule fois je n'ai assisté à un débat menant à une élaboration commune des décisions – sauf à l'intérieur du groupe auquel j'appartenais. Ailleurs, je n'ai vu que des positions et des affichages. Les décisions étaient prises avec les entourages du maire de Marseille ou du président de la métropole. Ensuite, il y avait négociation entre les différents maires de la métropole pour partager les projets et les budgets. Souvent, en réalité, pour redistribuer par commune, au prorata de leur population, les budgets rassemblés dans l'instance supérieure. Immense travail d'usine à gaz pour redescendre des seaux pleins du sommet où on les avait rassemblés. Je ne dis pas du tout que les élections ne servent à rien. Elles orientent l'action publique par le choix culturel du groupe majoritaire. Mais ensuite, comme pour les débats à l'Assemblée ou au Sénat, la part publique est vide du projet démocratique d'élaboration partagée. Par contre, l'espace gris qui entoure l'institution, les discussions informelles, les réflexions des différents partis, renouvellent un peu les positions. Mais l'empilement de structures où on répète la même chose sur une scène sans public est proche de Kafka. J'avais le plus grand mal à ne pas partir déjeuner trop tôt. Dans Aix-Marseille-Provence Métropole, nous étions en tout 563 élus. Comment voulez-vous que 563 élus, qui veulent chacun figurer dans les médias, ne passent pas leur temps à critiquer en disant : « Il faut faire ci, il faut faire ça » ? Ce n'est évidemment pas possible.

Aussi je trouve que le peuple est logique dans sa prise de distance avec les élections, que l'on a multipliées en les vidant de leur sens. Les gens votent quand il y a un enjeu, localement, ou pour la présidentielle. L'abstention croissante paraît alors de bon sens. Sauf quand la partie est bien menée, les candidats, novateurs – pensons à l'affrontement entre Ségolène Royal et Nicolas Sarkozy –, ou un candidat, empathique, disruptif ou répulsif. Ce que la France connaît mal, c'est l'écoute des minorités, le respect des particularismes, qui sont pourtant les vraies valeurs d'une démocratie forte. Mais la Grande Pandémie n'a-t-elle pas, jour après jour, comparé les cultures et les lieux, les âges et les sexes ? Il y a sans doute matière à en tirer un plus grand respect de l'unicité des lieux et des humains, des cultures, des situations. Ce serait une forte opportunité pour clore une histoire jacobine éculée. À nouveau, il faut faire parler les lieux et les usages.

Retenons pourtant que durant cette pandémie, la solidarité des collectivités locales entre elles a été unique dans l'histoire de la République. Les régions se sont posées en chef de file des départements et des métropoles. La mise en place locale de ce partenariat avec l'État marque une étape décisive d'une décentralisation réorganisée du bas vers le haut. Il va falloir donner les cartes politiques et financières de cette autoréorganisation pour favoriser un État vertical alerte, au contraire de celui dont chacun a pu voir la lourdeur dans les prises de décision. Pays jacobin, nous aimons un président royal face au local, le local proche mais aussi le local régional avec sa « capitale » régionale. Et quoi qu'on en dise, les grandes régions correspondent assez bien à de grands ensembles culturels et climatiques organisés autour d'une vraie métropole. La pandémie a scellé cela dans nos imaginaires. Un grand pays de cohésion locale a été ébauché, grâce à l'alliance stratégique des trois associations de grands élus : régions de France, départements de France et métropoles. Un pas a été franchi : à la loi et à l'État de poursuivre dans cette voie.

Par ailleurs, l'Europe a fait corps, avec un plan de relance considérable et un changement de politique financière – avec un bémol sur les vaccins –, au moment où les USA traitaient avec le Canada et l'Amérique latine, et la Chine avec ses voisins, y compris le Japon et l'Australie. La nouvelle phase d'organisation des territoires du monde tente d'articuler le tout du dérèglement climatique et la proximité d'ensembles Nord-Sud proches et complémentaires. En parallèle, l'Alliance Afrique-Europe doit devenir notre horizon. Si possible, en y intégrant l'axe encore hésitant Russie/Turquie, qui risque de glisser vers la Chine. La mondialisation est devenue un commun vécu et en même temps une organisation géographique de voisinage. Il faut penser la Russie comme notre Canada, et le Maghreb comme notre Mexique. Le temps n'est plus à l'effacement des limites et des frontières, mais à des solidarités de projets Nord-Sud par grands voisinages géographiques, historiques et mémoriels. Ce n'est pas des excuses qu'il faut présenter à l'Algérie, mais du développement et de la libre circulation, comme prévu par les accords de 1962. Ce n'est pas de religion et d'identité qu'il faut débattre, mais de projets et d'apprentissage mutuel. En France, on a toujours pensé d'abord la gestion des territoires, et non celle des populations. Le vrai enjeu est là.

Aligner modes de vie, géographie et démocratie

Le problème, aujourd'hui, c'est une désynchronisation : alors que presque la moitié des Français ne vivent pas dans leur département de naissance – même s'ils reviennent parfois finir leur vie là où ils sont nés[1] –, que la population tout entière, des étudiants aux retraités, s'est mise en mouvement, les élus, eux, sont restés à quai. Ils continuent à appréhender leur territoire en le pensant à l'intérieur de ses limites administratives et de ses compétences. Leur vision est statique, alors que nos vies sont dynamiques. Faites dessiner aux habitants les frontières du territoire et du canton, vous allez être surpris : la carte qu'ils esquisseront, celle de leur vie quotidienne, sera sans ressemblance avec notre partition institutionnelle. Comme si les élus s'occupaient d'un territoire sans s'occuper de ceux qui l'habitent ou simplement le traversent. Exemple : beaucoup de jeunes vont faire

1. 610 000 personnes sont décédées en France…, *Insee focus* n° 163, 1er octobre 2019.

leurs études en ville là où il y a des universités. Pourquoi les départements ne construisent-ils pas des cités U pour « leurs » jeunes à côté des universités ? Beaucoup de jeunes de province passeront à Paris à un moment ou à un autre pour y faire une partie de leurs études. Qui s'en soucie ? Pourquoi les régions n'ont pas de *cité régionale* à Paris en face de la *cité internationale* ? Il n'y a aucune raison. On ne peut pas à la fois construire l'Europe, un continent de circulation économique, touristique, culturelle, humaine, et ne pas comprendre que notre population se déplace constamment, qu'elle en a même fait un art de vivre.

On se focalise sur le territoire – terme tellement à la mode qu'un Premier ministre a jugé opportun de l'employer vingt-cinq fois dans son discours de politique générale[1] –, alors que l'enjeu est ailleurs : c'est l'habitant qui doit être au cœur du sujet, justement pour repenser l'articulation de toutes ces échelles territoriales empilées, ou plus exactement « ensilotées ». Se focaliser sur le territoire est d'autant plus absurde à l'heure numérique, quand les connexions physiques ne sont plus qu'une partie du sujet. Et ce de moins en moins après la Grande Pandémie.

1. Jean Castex, Déclaration de politique générale à l'Assemblée nationale, 15 juillet 2020.

Alors, comment organiser la société horizontale que nous avons décrite tout au long de ce livre pour tenir compte de l'émergence des métropoles et du nuage urbain qu'elles projettent dans ce que j'ai appelé la « métropole augmentée », avec ses deux ailes Gilets jaunes et bobos-télétravailleurs ? Comment organiser différemment la part du territoire encore largement rural où on trouve 48 % des exploitations agricoles ? Sur la différenciation de ces trois territoires, il y a une vraie révolution à faire. Penser en même temps métropoles augmentées, villes-jardins, terres arables et forestières. Et repenser cela dans des cadres territoriaux qui recréent des sentiments d'appartenance à partir desquels seront revalidés des modèles démocratiques, pour que ce soit par la citoyenneté et par le débat politique qu'on rassemble les habitants et qu'on crée du vivre-ensemble.

C'est pourquoi j'ai présenté précédemment un tableau rapide des différentes France. Le modèle unique de démocratie est obsolète. Si je devais poser quelques hypothèses pour animer un débat qui serait celui d'une grande convention citoyenne, je dirais que la France rurale et paysanne peut s'appuyer sur des communes rassemblées autour d'un maire commun au niveau de la communauté de communes. Le département est là un cadre intéressant à protéger si on lui donne les responsabilités et les moyens pour reconstruire des services publics aujourd'hui déficients. La ville-jardin périmétropole doit inventer, elle, de nouveaux cadres politiques. Par territoire, et liés à la métropole centrale. Les communes, ici, sont trop petites et ont été mitées par la conquête anarchique des terres arables. Il faut penser en réseau de ronds-points, clientèle de supermarché, carte scolaire des collèges… La crise des Gilets jaunes a bien montré le vide démocratique de ces territoires. Il faut ici penser et décider avec l'ampleur du projet gaulliste des villes nouvelles.

Quant aux métropoles, elles devraient fusionner avec la mairie principale et le département support de l'ensemble. Partout, les assemblées élues devraient regrouper en un conseil les élus responsables des « niveaux inférieurs », autour d'un maire ou d'un président élu au suffrage direct. La démocratie, en se multipliant et en réservant au président de la République l'élection au suffrage direct, a créé un ensemble opaque où les responsables ne sont pas identifiés, ce dans une société de plus en plus médiatique où la politique doit s'incarner « dans le poste ». Et tout cela coûte cher, chacun se croyant obligé sans cesse de faire des travaux comme s'il était un chef d'entreprise, alors qu'il est meneur d'une communauté d'habitants dont il doit assurer au mieux la protection et l'avenir. L'espace public est, en France, bien plus mis à neuf en permanence que les espaces privés, sauf en quelques territoires délaissés.

Une refonte démocratique du territoire urbain peut, elle aussi, aider à donner de la visibilité et du pouvoir aux quartiers et à leurs habitants. Plutôt que de laisser à des administrations centrales comme l'Anru un pouvoir délégué de gestion de ces quartiers, un peu sur un modèle colonial, peut-être devrions-nous multiplier les communes à l'intérieur des métropoles pour donner à ces quartiers des représentants élus légitimement. Au Mirail, à Toulouse, dans les quartiers Nord, à Marseille, voire dans des grands ensembles de 5 000 ou 10 000 habitants, qui formeraient commune avec élus, budget, salle des fêtes et des mariages, pompiers, personnels... Autant, en campagne, il faut rassembler les communes en communauté de communes, autant, en ville, on devrait procéder à l'inverse. Je pense tout simplement qu'il y a trop d'élus dans les campagnes et pas assez dans les métropoles. Comme le disait Jean-Claude Boulard, ancien maire du Mans : « Si tu habites à la campagne, tu as un conseil municipal, un maire, et avec un peu de chance, tu as même un conseiller départemental ; si tu habites dans un HLM de 10 000 personnes, avec un peu de chance, tu as un concierge. » La première inégalité est donc démocratique : il faut aller vers une égalité démocratique pour ressouder les liens sociaux en territorialisant les élections à l'échelle de la vie des habitants. Plus proche ici, plus large là.

Depuis 1981, on décentralise la France. Par petites touches et petits pas. J'ai toujours été favorable à la décentralisation. Lumières de la province ? Mais en fait, on a surtout renforcé les silos : le silo communal, le silo départemental, le silo régional. On a ajouté le silo de l'Union européenne au silo national. Chaque fois, une élection. Chaque fois, une assemblée rapidement perdue dans les brumes. Chacun, ensuite, travaille dans « son » territoire. L'État a construit la France souvent par la violence. Sa marque est partout, y compris bien sûr dans nos cerveaux. Sa protection nous est essentielle, et malgré toutes les critiques sur son autoritarisme, sa violence, son arrogance, il reste « notre » commun. Mais n'est-ce pas surtout une course après un centre perdu ? Car ne nous trompons pas d'enjeu : le sujet, le vrai, c'est le « vivre-ensemble », expression galvaudée mais qui définit le commun d'un peuple qui change, bouge sans cesse, voyage, déménage, se sépare, travaille et chôme, mange et boit, veut et dit tout et son contraire, crée des œuvres et des entreprises magnifiques, cultive son jardin ; un peuple mobile mais gouverné par une carte politique désuète, une société horizontale et agile régie par une administration verticale et pléthorique. Notre paradoxe est là, comme le sont nos points de blocage. Chaque Français parcourt aujourd'hui, en moyenne, plus de cinquante kilomètres par jour contre moins de cinq quand furent dessinés les communes et les départements. Le clocher de l'église a depuis longtemps cessé d'être notre horizon, géographique ou spirituel. Alors, il faut remettre sur l'ouvrage l'architecture de nos territoires et de nos pouvoirs. Et comment gérer dans des cadres fixes une population mobile ?

C'est ce qu'aurait dû faire la gauche en 1981, mais se pensant au pouvoir accidentellement et provisoirement, elle eut surtout à cœur de se tailler des fiefs pour de futurs combats politiques. Pierre Mauroy et Gaston Defferre, maires de Lille et de Marseille, reprirent les découpages régionaux opérés par Vichy – mais alors sans pouvoirs réels –, en les dotant de la force légitimante de l'élection et d'un petit budget. L'alliance entre le Premier ministre et son ministre de l'Intérieur, soutenue par un président de la République provincial, fut puissante. Laurent Fabius vint par la suite renforcer le rôle des départements, rouage essentiel de l'appareil d'État. On empila. À une époque qui autorisait encore ce type d'acrobaties démocratiques, Jacques Chirac fut tout à la fois maire de Paris et député de Corrèze. L'unité de la République par le don du corps du roi !

Nicolas Sarkozy porta le projet de fusion des mandats régionaux et départementaux, mais François Hollande l'arrêta pour lui préférer une refonte des régions autour de chaque grande métropole. Les contours de cette nouvelle géographie régionale furent parfois discrètement et âprement négociés par des ministres barons de province, pas toujours dans le sens de l'intérêt général. Mais, même si le refus de fusionner Bretagne et Pays de la Loire se paya plus tard par l'abandon du grand aéroport régional de Notre-Dame-des-Landes – pourquoi un grand aéroport pour deux petites régions ? –, tout cela alla plutôt dans le bon sens. Emmanuel Macron, lui, secoué par la crise des Gilets jaunes, dut se rattacher aux élus locaux pour relégitimer son pouvoir. Envolés les projets de réforme, et d'abord ceux du Grand Paris et de Marseille. Aussi demeurent aujourd'hui ces points bancals, dont le Grand Paris, impuissant à se construire en réunifiant l'ancien 75 et ses trois départements contigus, structure croupion complémentaire d'une région Île-de-France elle-même inconnue des marins et des citoyens, dont les usages et les modes de vie n'ont rien à voir avec les limites administratives de cette dernière. Que de temps, de citoyenneté, d'argent et de qualité de vie gâchés !

Paris, qui compte deux millions d'habitants, accueille chaque jour un million d'actifs issus de sa région ou des régions voisines, dont 240 000, par exemple, viennent des Hauts-de-France. Qui représente ces 240 000 personnes, et sont-elles consultées sur les transformations de la gare du Nord, elles qui en sont les premiers usagers ? Et cette gare, ne peut-elle enfin changer de nom et porter, comme les autres gares, le nom de son quartier ou de sa destination principale ? Car chacun sait que le Nord n'est pas un symbole attractif en France. Le président de la Région des Hauts-de-France doit « s'en retourner »... dans son palais. Pourtant, la vraie puissance de Paris se tisse dans les rencontres des millions de voyageurs et d'usagers réguliers de la cité avec les locaux. Ces mobilités sont le lieu essentiel des brassages sociaux, culturels et économiques qui portent une métropole. Elles sont à la base des métissages urbains porteurs de créativité. Or, qui représente les 80 000 chambres d'hôtel, les 150 000 résidences secondaires et les dizaines de milliers de logements Airbnb qui sont comme une ville dans la ville, trop souvent négligés dans les analyses, comme les centaines de milliers de résidences secondaires des Parisiens en province ? Quand va-t-on penser la représentation de tous ces citoyens et cesser de donner tout pouvoir aux « habitants » dans une société aussi mobile ? Oui, donnons deux voix à chaque citoyen, une là où il habite, l'autre là où il travaille. Les politiques publiques en seraient transformées. Paris serait en gestion partagée entre ceux qui entrent dans la ville et ceux qui y dorment. Immense révolution politique.

Plutôt que de savoir s'il faut continuer ou pas la décentralisation, je pense qu'il faut rapprocher entre elles les régions, les départements, les métropoles. Une des choses que l'on a apprises pendant la pandémie, c'est que pour la première fois dans l'histoire de la France, les régions ont travaillé main dans la main avec les départements et les métropoles. Pour la première fois, tous se sont regroupés face à l'État. Et ont joué ensemble un rôle très important dans la gestion de la pandémie. Donc, pourquoi ne pas continuer sur ce modèle intelligent, celui d'un comité où seraient réunis le président de région, les présidents de départements et de métropoles ? Ce serait logique. Ce sont les grands opérateurs du territoire. Ils seraient ensuite ensemble face/à côté de l'État. Ce serait un modèle qui pourrait nous permettre de progresser.

L'État, quant à lui, bousculé par cette crise, pourrait s'alléger, apprendre à faire confiance aux élus locaux. Un État alerte dans les deux sens du terme, léger et annonciateur des enjeux et des choix. Mais, d'évidence, dans la tradition française, l'État ne doit pas perdre sa position verticale, en surplomb. Il est le gardien du temps, le garant de l'unité de l'aventure commune qui fonde la France, avec la langue française comme ciment premier et la République laïque comme cadre. Reste la question délicate, dans cette époque mobile et numérique, de sa coexistence/fusion symbolique avec Paris. La Ville-État ne cesse de refuser une société horizontale, tant elle se croit être « par nature » la tête géographique et culturelle de l'ensemble national. L'appareil d'État est sa matrice et sa fierté. Sa raison d'être et de vivre. Parfois, plutôt, de survivre. Sa ressource, aussi. Alors comment découpler l'un de l'autre ? Déplacer l'Élysée sur les bords de la Loire ? Retourner à Versailles ? Éclater les ministères dans les capitales régionales ? L'Économie à Lyon, les Affaires étrangères à Marseille, les Armées à Bordeaux, l'Urbanisme à Rennes, la Culture à Toulouse, l'Agriculture à Tours… Et pourquoi pas ? Paris, enfin libéré de son héritage capétien et jacobin, pourrait alors pleinement jouer son rôle de « *global city* européenne », de New York de l'Europe. Elle me plairait, cette France-là.

9
Douze utopies pour réenraciner la démocratie

Je n'ai évidemment pas vocation à redessiner la carte politique de la France. Mais à l'achèvement de ce texte, je voudrais rassembler quelques pistes de ce que pourrait être un débat de fond sur l'organisation démocratique du territoire dans la civilisation numérique et écologique où nous entrons. Car, à ne rien faire, à attendre d'élection en élection les signes du désintérêt croissant des citoyens, on arrivera un jour à espérer un régime autoritaire, efficace, rapide et visible dans ses actions. Surtout qu'après cette Grande Pandémie, l'efficacité des régimes autoritaires apparaît plutôt renforcée par rapport aux démocraties.

1. Confions aux régions le rôle de chef de file du « bloc local » (régions, départements, métropoles). Celui-ci s'est, pendant la pandémie, auto-organisé dans chaque région d'une façon remarquable, pour la première fois depuis les lois de décentralisation. Il n'y

a pas eu, comme c'est souvent le cas, de tensions entre eux face à l'État, ni de tentative de l'État de les diviser pour mieux régner. Est-ce l'amorce possible d'une reconfiguration de la gestion des territoires ? Ce pourrait être le premier axe d'une nouvelle organisation territoriale. Reprenons la loi Sarkozy sur les liens département/région déjà votée pour accélérer le changement.

2. Enrichissons la démocratie : donnons deux voix à chaque citoyen. Il pourra voter là où il habite et là où il travaille. Car le primat de l'habitant sur le travailleur induit une forme de ségrégation sociale masquée. Cela vaut peut-être aussi pour les élections nationales : dois-je être à cent pour cent pour un candidat ? Certaines fois, j'aimerais bien répartir mes voix, montrer une direction d'alliance. Possible ?

3. Différencions les modes de gestion des territoires. Pensons trois logiques : départements ruraux, fusion métropoles et départements supports, villes-jardins périurbaines.

4. Gardons donc les départements ruraux comme des regroupements des intercommunalités, présidés par un maire-président élu au suffrage direct, avec le maintien des communes actuelles, mais avec des prérogatives réduites de mairie d'arrondissement actuelle issues de la loi PLM.

5. Pensons pour chaque métropole la fusion mairie ville centre/métropole et département en une structure unique gouvernée par un maire élu au suffrage direct et une assemblée constituée d'élus sur listes dans les différentes collectivités internes.

6. Créons, sur ce modèle, le Grand Paris avec la ville centre et les trois départements de la petite couronne. Ce 75 reconstitué sera un moteur des solidarités et de l'affirmation de la cité mondiale de l'Union européenne.

7. Inventons, pour ce qui restera de l'Île-de-France, une gouvernance de la ville-jardin d'Île-de-France en recomposant des territoires de vie autour de villes moyennes à réorganiser en pôles structurants.

8. Créons dans les métropoles de nouvelles communes au plus près de la vie des citoyens. Pensons commune du Mirail à Toulouse, commune de l'Estaque à Marseille, commune des 4000 à La Courneuve…

9. Divisons par deux le nombre de députés élus à la proportionnelle départementale et réautorisons le cumul des mandats locaux et nationaux à des sénateurs moins nombreux en réduisant les champs où le Sénat s'exprime (Budget et affaires locales).

10. Distinguons le ministère de l'Environnement, qui doit porter la lutte contre le réchauffement climatique, d'un ministère de la Protection civile qui prépare le pays à l'augmentation déjà certaine des températures d'environ 1,3 °C d'ici 2050. Soit un déplacement du climat estimé, en moyenne, en France à 500 kilomètres vers le nord. Il faut garantir, et préparer, une France vivable pour engager la bataille contre le réchauffement climatique. C'est la base d'un nouveau pacte de confiance démocratique.

11. Régionalisons les concours d'entrée dans les grandes écoles en proportion des populations régionales et, en Île-de-France, en proportion des populations départementales. Ce y compris pour les grandes écoles de province.

12. Réorganisons les attributions dans le parc de logements sociaux en fonction de la proximité des emplois – au moins publics et parapublics.

Conclusion
Ré-enraciner la société et la République

Oui, nous avons changé. On le voit mal sous les contraintes du temps présent et de nos dépressions plus ou moins fortes. Mais nous avons tous changé dans cette longue confrontation à la maladie et à la mort. Chacun verra demain différemment. Peut-être sans s'en rendre compte encore. Et le monde a changé. Ses urgences. Le dérèglement climatique est associé dans nos esprits au virus. La mondialisation économique paraît plus absurde qu'hier dans certains domaines – la santé, l'alimentation, les composants électroniques… Nous avancions dans un monde qui avait oublié les risques de pandémie et de conflits. Nous les pensions être des problèmes locaux, « plutôt au Sud ». Ou sexuels, comme le sida, donc liés à une action. Là, nous avons vu un virus passer d'humain à humain en quelques semaines sur toute la planète, une onde de choc économique commencer à nous secouer, et les USA et la Chine monter au créneau de la tension maximum pour se mettre en position de force dans l'après-crise. Brutalement, le monde et la France se sont réveillés. Bouleversés. Et ce, au moment où Samuel Paty était égorgé par un fanatique, nous rappelant tragiquement que, derrière la pandémie, l'affrontement avec l'islamisme continue. Comment ne pas avoir peur ?

Alors, il faut malgré tout chanter victoire pour les innombrables vies sauvées. Des millions, des dizaines de millions. On ne le saura jamais. Ni qui. Finalement, nous avons été tous solidaires en utilisant la coopération planétaire, l'observation réciproque et des jeux avec les frontières : celle du visage, de la maison, puis avec ce qu'on appelle le proche, le local, et toutes les autres ensuite. Nous avons mis la coopération et la frontière au cœur des sociétés. L'ultralibéralisme et le nationalisme ont pris là un coup sévère. On rêve de local et de livraisons. On veut connaître ses voisins, se croiser devant le collège, dans le tiers-lieu, au marché ou dans la salle de sport. Dans le train, aussi, pour le trajet vers le hub métropolitain. Donner du sens à sa vie. Plus demain qu'hier, comme si, au fond, la survie avait été un choix. Et de son logement, on veut voir la nature, la campagne, des champs et des arbres, la mer et le cœur ancien de la cité. Le territoire devient spectacle. Pensons à Guy Debord[1]. La vue par la fenêtre est le complément de l'écran où je

1. Guy Debord, *La société du spectacle*, Paris, Gallimard, 1967.

travaille, ou me divertit. Et c'est justement pour échapper à la domination du monde virtuel que nous allons avoir de plus en plus besoin d'un réel chargé de sens, de mémoire, de lieux, de beauté, de création, de rencontres, de corps.

Confinement et frontières. Local et réseaux. Proximité et livraisons. Entreprise et télétravail. Esprit des lieux, trajets de vie. Nous avons tourné la page de la civilisation industrielle durant cette Grande Pandémie. Nous sommes de l'autre côté du miroir, plongés dans le grand bain de la lutte contre le réchauffement climatique. Et nous en avons massivement pris conscience. Mais les sociétés sont fluides, instables, sécables, révoltées et en attente. Les couples aussi. Les familles. Nous sommes usés, mais, comme après chaque guerre, ou chaque pandémie, les sociétés vont exploser de vitalité et de créativité. De méditations conjuguées, d'espoirs encore imprécis, d'innovations et de créations. De violences aussi, d'écarts de richesse, de dettes accumulées vis-à-vis de ceux qui ont plus œuvré à la lutte que les autres, en travaillant au milieu des virus, en fermant leurs entreprises.

Il va falloir payer les dettes. Il va falloir suivre les forces et les désirs naissants dans le corps social plutôt que de tenter de faire passer les projets et les réformes d'hier. La voie est étroite, dangereuse, mais prometteuse si on sait anticiper la vague qui va s'élever et utiliser son élan. Le risque est que les décideurs et les pouvoirs soient déjà vieux, que les leaders du monde d'après soient ceux du monde d'avant. Risque révolutionnaire d'avoir des élites passées derrière les peuples.

Mais pour que ce nouvel ordre du politique et du projet de la civilisation puisse se réaliser en sortie immédiate de cette grande pandémie, nous avons besoin d'un sas de solidarité extraordinaire pour colmater les blessures et rassembler les peuples. Joe Biden l'a bien compris avec son plan de relance, sa politique de grands travaux, son gouvernement à l'image de sa société et ses propositions de fiscalité mondiale. Mais les Américains ont une extraordinaire aptitude à changer à toute vitesse de direction. Ils ont déjà su le faire dans la recherche des vaccins, pour laquelle ils ont immédiatement dégagé 14 milliards de dollars avec les résultats que l'on connaît. Les Anglais ont fait de même. La France et l'Europe… pensent trop lent et trop petit !

Ma grande inquiétude est que la France, qui est le seul pays du Conseil de sécurité de l'ONU à n'avoir pas trouvé de vaccin, comme le dit Dominique Seux[1], malgré nos trémolos historiques sur la qualité de la recherche et de

1. Dominique Seux, Tech : la France dans la course ?, *Franceinter.fr*, 6 avril 2021.

la médecine françaises, ne soit pas capable de ce bug social et programmatique. Or il faut partout savoir, tous ensemble, ouvrir le temps de la coopération et de la frontière qui commence. Il faut savoir reconnaître nos échecs, par exemple en produisant des vaccins inventés par d'autres. Mais en avouant sa honte et la profonde révolution immédiate à engager dans notre modèle social. Il faut dégager nos meilleurs fonctionnaires de la gestion et de la norme où ils sont englués, et les envoyer en commandos travailler dans la recherche ; ceux qui doivent rester dans la fonction publique devraient faire un stage d'au moins un an dans le secteur privé. La culture anti-privé qui est au cœur de la fonction publique française et de la culture politique doit être détruite, brisée, écrasée. La recherche et les entreprises sont le moteur de la société et de sa transformation, et les citoyens ne s'y trompent pas qui mettent l'école, la mairie et les entreprises en haut de la hiérarchie de la défense des valeurs républicaines[1]. Et les salaires des talents ne peuvent plus être gérés par la grille grise des salaires publics. Faut-il même encore une fonction publique à statut particulier ? Nos meilleurs savants ne sont-ils pas presque tous partis à l'étranger ? Nous sommes en voie de tiers-mondialisation intellectuelle, formant les élites des autres et récupérant les élites des pays du

1. Le regard des Français sur la République…, 2020, sondage cité.

Sud, moins coûteuses à faire travailler dans nos universités, nos hôpitaux et nos laboratoires. Quand on pense qu'un brillant ministre voulait surtaxer les étudiants étrangers se formant chez nous, sans comprendre leur rôle essentiel dans le renouvellement et le rayonnement de notre science et de notre culture !

Il faut d'urgence débureaucratiser notre société, libérer des cerveaux pour la recherche et l'innovation, et traiter la question sociale comme une dette de guerre à payer grâce au plan de relance. Au minimum, augmenter et primer fortement la naissance d'un enfant. L'Italie vient de créer une prime de naissance de 54 000 euros payable sur vingt et un ans. L'idée est à reprendre, payable plutôt en trois fois, à la naissance, à 12 ans, à 18 ans ? On ne fondera pas un nouveau pacte sociétal numérique et écologique sans mobiliser nos ressources pour donner de l'air et de l'espérance à la question sociale. C'est au moins aussi important que de sauver Air France. Plus important même, sans doute. Le traitement de la dette sociale est une base nécessaire pour bâtir la nouvelle civilisation numérique et écologique. Comme en 1918 ou en 1945, la révolution, ou la violence, va gronder après cette pandémie et après la crise des Gilets jaunes. Si nous voulons l'éviter, nous devons nous auto-administrer un grand plan Marschall et avoir en tête, pour agir, le compromis social que les pays d'Europe de l'Ouest ont réalisé pour contrer, après 1945, le risque communiste et soviétique. Sans ce risque-là, il n'y aurait jamais eu ce modèle de compromis social européen qui fait rêver le monde entier et a permis la construction de l'Union européenne. La peur de la révolution et la peur du réchauffement climatique peuvent être, bien canalisées, aussi efficaces pour construire un nouveau compromis écologique et social que la peur du communisme durant la guerre froide.

Si nous devons honorer les morts, trouver les formes d'un hommage national et d'un ou des monuments commémoratifs, il faut aussi redonner confiance aux vivants. Un nouveau compromis social doit permettre de nous rassembler pour l'œuvre écologique à réussir. Commençons par augmenter les salaires de base de 15 % des travailleurs du *care* et du service, libérons la fin de vie, tolérons le hasch, multiplions les lieux comme la Citad'elles de Nantes pour accueillir et protéger les femmes battues (10 % des conjointes durant la pandémie !), fusionnions partout les structures du tourisme et de la culture pour redonner vie à nos espaces publics, ouvrons les conseils d'administration des entreprises aux salariés, mettons en débat les diverses mesures que j'ai proposées dans cet essai. La société va être en attente. Le comprendre, l'accepter, ne pas ressortir les certitudes d'hier, sont les enjeux majeurs de l'immédiat présent.

Pour avancer, notre grille de lecture de la société doit changer. Pensons la métropole augmentée. Le couple terre arable-métropole. Les multiappartenances. Les faubourgs. Il faut casser le carcan victimaire où chacun s'est enfermé faute de projets et de commun à partager. Vivre à l'ombre de la Toile bouleverse nos sociétés, nos idées du proche et du lointain. Nos territoires et nos limites. Notre maison, notre village ou notre quartier sont devenus le centre de nos vies. Avec des sorties, bien sûr, mais de plus en plus choisies. Le travail, les objets et les services peuvent venir à nous sans que nous nous déplacions. Nous revivons comme au village jadis, sauf que nous recevons ce que nous pouvons payer et que nous pouvons partir voyager sur la Toile ou sur la Terre pour faire humanité.

La civilisation industrielle est derrière nous. Elle laisse un monde qui sera entre 0,6 et 1,3 °C plus chaud en 2050, et auquel nous devons nous préparer. Localement, chacun doit regarder le climat 500 kilomètres au sud et commencer de grands travaux d'adaptation. Ombre et lumière, isolation, nouvelles plantations, changement des espèces d'arbres et de vignes… Mais la civilisation qui s'achève dans cette tragédie fut grandiose et innovante. La vie s'y est allongée comme jamais. Les guerres mondiales y ont été contenues, le monde numérique, scientifique et technologique a changé le quotidien, a permis la réunification d'une humanité éparse. De considérables créations artistiques, intellectuelles, scientifiques, ont été faites. Immenses avancées. Mais le point de rupture qui s'annonçait vient d'être atteint. Le Covid-19 est l'avant-garde d'un combat plus large. Il prolonge la COP 21. La bouscule et la légitime. La popularise.

Au-delà de l'adaptation aux legs de la civilisation industrielle, le temps est venu de fonder la civilisation numérique et écologique. De la fonder politiquement, de l'enraciner partout, mais aussi ensemble. Localement et mondialement. Ici, acceptons que nous sommes passés de la modernité à l'esprit des lieux. C'est une mutation extrêmement forte. L'art de vivre a pris le pas sur l'art de produire. La vie humaine a été élevée au rang de valeur supérieure à toute autre. Aujourd'hui, mais aussi demain. Et dans les siècles et les siècles. Ce long futur sur cette Terre qui n'est pas nôtre peut maintenant être sauvé. C'est le propos et le pari de ce texte. Utopique ? Trop optimiste ? Peut-être. Mais sans horizon, il n'y a pas de chemin.

La civilisation numérique et écologique doit retrouver les lieux, leurs formes, leurs mémoires et leurs cultures. Et comme au moment de la révolution industrielle, il faut faire confiance à un cadre démocratique renouvelé pour porter les aspirations d'un monde qui change et qui veut vivre. Il ne s'agit pas d'imposer une *doxa* scientifique à la société, d'affirmer du vrai pour faire du commun. Il faut laisser vivre une démocratie réenracinée pour construire la société écologico-numérique qui arrive. La Révolution que l'on attendait est arrivée.

Il faut replanter la vieille République paysanne dans une société de jardin, de parcs, mais aussi de terres arables, de forêts, de rivages. Toujours. La replanter dans cette nature dont nous sommes membres, qui nous environne et qui est en nous. Prendre soin de la Terre et de l'humanité. Avec la puissance du numérique et de la science. De la révolution mentale, écologique et culturelle que nous venons de vivre. Mai 68 puissance cent.

Références citées[1]

610 000 personnes sont décédées en France…. *Insee focus* n° 163, 1er octobre 2019. [En ligne]. URL : <https://www. insee.fr/fr/statistiques/4218743>.

« 9 millions de salariés au chômage partiel » et « 70 % d'offres d'emplois en moins en mars », annonce Muriel Pénicaud. *Lci.fr*, 16 avril 2020. [En ligne]. URL : <https://www.lci.fr/emploi/coronavirus-pandemie-covid-19-confinement-9-millions-de-salaries-au-chomage-partiel-et-70-d-offres-d-emplois-en-moins-en-mars-selon-muriel-penicaud-2151161.html>.

Ademe, PE International, Gingko. 2013. Élaboration selon les principes des ACV des bilans énergétiques, des émissions de gaz à effet de serre et des autres impacts environnementaux induits par l'ensemble des filières de véhicules électriques et de véhicules thermiques, VP de segment B (citadine polyvalente) et VUL a l'horizon 2012 et 2020. *Ademe.fr*. [En ligne]. URL : <https://www.ademe.fr/sites/default/files/assets/documents/90511_acv-comparative-ve-vt-rapport.pdf>.

1. Tous les liens ont été vérifiés le 7 avril 2021.

Agulhon, Maurice. *Marianne au pouvoir*. Paris : Flammarion, 1989.

Bacqué, Marie-Hélène, Bellanger, Emmanuel, Rey, Henri (dir.). *Banlieues populaires*. La Tour d'Aigues : l'Aube, 2018

Baromètre des territoires 2020. Sondage Ifop pour Villes de France, en partenariat avec l'Agence nationale de la cohésion des territoires et la banque des territoires. [En ligne]. URL : <https://www.villesdefrance.fr/upload/Synthe%CC%80se%20Barome%CC%80tre%20VF%20.pdf>.

Berlioux, Salomé. *Nos campagnes suspendues*. Paris : L'Observatoire, 2020.

Brinner, Caroline. Comment la grippe espagnole a pu faire jusqu'à 100 millions de morts. *Rts.ch*, 28 avril. [En ligne]. URL : <https://www.rts.ch/info/monde/11270912-comment-la-grippe-espagnole-a-pu-faire-jusqua-100-millions-de-morts.html>.

Castex, Jean. Déclaration de politique générale à l'Assemblée nationale, 15 juillet 2020. [En ligne]. URL : <https://www.gouvernement.fr/partage/11654-declaration-de-politique-generale-de-m-jean-castex-premier-ministre-assemblee-nationale>.

Centre d'observation de la société. De moins en moins de Français estiment que les immigrés sont trop nombreux. *Observationsociété.fr*, 6 juillet 2020. [En ligne]. URL : <http://www.observationsociete.fr/population/valeurs_immigres.html>.

Certau, Michel de. *L'Absent de l'histoire*, Paris : Mame, 1973.

Churchill, Winston. *Réflexions et aventures*. Paris : Tallandier, 2008 [1932].

COMTE, Antoine. Thierry Marx : « On prie pour une réouverture des terrasses des restaurants en avril ». *Publicsenat.fr*, 26 février 2021. [En ligne]. URL : <https://www.publicsenat.fr/article/societe/thierry-marx-on-prie-pour-une-reouverture-des-terrasses-des-restaurants-en-avril>.

CORMERAIS, Franck. *Hyperville(s) ; construire des territoires solidaires*. La Tour d'Aigues : l'Aube, 2021.

Coût du confinement : de 4 à 16 milliards d'euros par semaine. *Ifrap.org*, 28 janvier 2021. [En ligne]. URL : <https://www.ifrap.org/etat-et-collectivites/cout-du-confinement-de-4-16-milliards-deurossemaine>.

Covid-19 : aux États-Unis, l'espérance de vie a chuté d'un an au premier semestre 2020. *Lemonde.fr*, 18 février. [En ligne]. URL : <https://www.lemonde.fr/international/article/2021/02/18/etats-unis-l-esperance-de-vie-a-chute-d-un-an-au-premier-semestre-2020_6070453_3210.htm>.

Covid-19, pourquoi les transports en commun ne sont pas des lieux de contamination privilégiés. 2020. *Keolis.com*. [En ligne]. URL : <https://www.keolis.com/fr/medias/newsroom/actualites/covid-19-pourquoi-transports-commun-ne-sont-pas-lieux-contamination>.

CoviPrev : une enquête pour suivre l'évolution des comportements et de la santé mentale pendant l'épidémie de Covid-19. *Santepubliquefrance.fr*, 12 mars 2021. [En ligne]. URL : <https://www.santepubliquefrance.fr/etudes-et-enquetes/coviprev-une-enquete-pour-suivre-l-evolution-des-comportements-et-de-la-sante-mentale-pendant-l-epidemie-de-covid-19>.

DAVEZIES, Laurent. *L'État a toujours soutenu ses territoires*. Paris : Seuil, 2021.

Debord, Guy. *La société du spectacle*. Paris : Gallimard, 1967.

Deymes, Valérie. Le boom du bio en 2020 : 15 % de nouveaux consommateurs en un an. *Sud-Ouest*, 19 mars 2021. [En ligne]. URL : <https://www.sudouest.fr/economie/agriculture/en-2020-les-produits-bio-ont-seduit-15-de-nouveaux-consommateurs-1738050.php>.

« Droit au blasphème », laïcité, liberté d'enseignement… Leslycéensd'aujourd'huisont-ils« Paty » ?. Enquête Ifop. *Ifop.com*, 3 mars 2021. [En ligne]. URL : <https://www.ifop.com/publication/droit-au-blaspheme-laicite-liberte-denseignement-les-lyceens-daujourdhui-sont-ils-paty/>.

Edo, Anthony, Jacquemet, Nicolas. Discrimination à l'embauche et entre-soi. *Laviedesidees.fr*, 18 février 2014. [En ligne]. URL : <https://laviedesidees.fr/Discrimination-a-l-embauche-et.html>.

Enquête auprès des femmes victimes de violences conjugales pendant le confinement. Ifop pour Solidarités femmes, novembre 2020. *Solidaritesfemmes.org*, 2021. [En ligne]. URL : https://www.solidaritefemmes.org/upload/FNSF-IFOP-2021.pdf

Enquête sur les Français et le jardin. Sondage Ifop/Unep. *Les entreprises du paysage.fr*, 2019. [En ligne]. URL : <https://www.lesentreprisesdupaysage.fr/content/uploads/2019/12/dossier-complet-ifop2019.pdf>.

Festivals annulés, Focus spécifique, étude Sofest pour france Festivals. *Francefestivals.com*, 8 mai 2020. [En ligne]. URL : <https://www.francefestivals.com/media/francefestival/189240-sofest_festivals_annules_estimer_la_perte_economique_et_sociale-2.pdf>.

Fourquet, Jérôme. *L'Archipel français*. Paris: Seuil, 2018.

France : le PIB a reculé de 8,2 % en 2020. *Lesechos.fr*, 26 février 2021. [En ligne]. URL : <https://investir.lesechos.fr/marches/actualites/france-le-pib-a-recule-de-8-2-en-2020-1951161.php>.

Garde alternée: un enfant de divorcé sur cinq concerné. *Europe1.fr*, 28 janvier 2015. [En ligne]. URL: <https://www.europe1.fr/societe/Garde-alternee-un-enfant-de-divorces-sur-cinq-concerne-765924>.

Giono, Jean. *Le hussard sur le toit*. Paris: Gallimard, 1951.

Gonguet, Jean-Pierre. Michel Desvigne: « Faire un quartier, c'est l'histoire d'une génération ». *Lemonde.fr*, 9 décembre 2019. [En ligne]. URL: <https://www.lemonde.fr/economie/article/2019/12/09/michel-desvigne-faire-un-quartier-c-est-l-histoire-d-une-generation_6022223_3234.html>.

Guillaumin, Émile. *La vie d'un simple*. Paris: Stock, 1904.

Guilluy, Christophe. *La France périphérique*. Paris: Flammarion, 2014.

Gwiazdzinski, Luc. 2020. Prendre le(s) temps de la ville, entretien avec Sylvain Grisot, tiré du podcast *La ville en questions*, émission du Centre national de la fonction publique territoriale animée par Marie Huygue et Sylvain Grisot, enregistrée le 15 décembre 2020. [En ligne]. URL: <https://dixit.net/temps-de-la-ville-luc-gwiazdzinski/>.

Hervieu, Bertrand, Léger, Danièle. *Des communautés pour les temps difficiles: néo-ruraux ou nouveaux moines*. Paris: Le Centurion, 1983.

« Je suis quasiment à 100 % en télétravail. Depuis six mois, j'ai dû me déplacer deux fois maximum ».

Lemonde.fr, 16 mars 2021. [En ligne]. URL : <https://www.lemonde.fr/economie/article/2021/03/16/il-y-a-beaucoup-de-collegues-que-je-n-ai-jamais-rencontres-en-un-an-il-ne-sont-quasiment-jamais-revenus-au-bureau_6073247_3234.html>.

Johnson, Niall P.A.S., Mueller, Juergen (2002). Updating the accounts : global mortality of the 1918-1920 « Spanish » influenza pandemic. *Bulletin of the History of Medicine*, 76 (1), printemps, p. 105-115.

Jousseaume, Valérie. *Plouc Pride ; un nouveau récit pour les campagnes*. La Tour d'Aigues : l'Aube, 2021.

Kouchner, Camille. *La familia grande*. Paris : Seuil, 2021.

Lacan, Jacques. Conférence au Massachusetts Institute of Technology, 2 décembre 1975. *Scilicet*, 1975, n° 6-7, p. 53-63.

La crise du Covid a révélé le « drame de la désindutrialisation » et « le drame de l'innovation » en France, estime l'économiste Philippe Aghion. *Francetvinfo.fr*, 24 février 2021. [En ligne]. URL : <https://www.francetvinfo.fr/sante/maladie/coronavirus/video-la-crise-du-covid-a-revele-le-drame-de-la-desindustrialisation-et-le-drame-de-l-innovation-en-france-estime-l-economiste-philippe-aghion_4309063.html>.

La France en morceaux. Baromètre des territoires 2019. Elabe et Institut Montaigne. [En ligne]. URL : <https://www.institutmontaigne.org/ressources/pdfs/publications/la-france-en-morceaux-2019-barometre-des-territoires-2019-note-analyse.pdf>.

Le Bras, Hervé. 2020. La revanche des gilets jaunes (et des retraités). *Le 1* n° 292, « Inégalités, l'autre crise », 15 avril 2020. [En ligne]. URL : <https://le1hebdo.fr/journal/inegalites-l-autre-crise/292/article/la-revanche-des-gilets-jaunes-et-des-retraits-3802.html>.

—. 2021. La crainte engendrée par le Covid semble en relation inverse de sa létalité. *Le Monde*, 9 février.

Le regard des Français sur la République et les principes républicains : quid d'une entreprise républicaine ?. Sondage Ifop pour Havas. *Ifop.com*, décembre 2020. [En ligne]. URL : <https://www.ifop.com/wp-content/uploads/2021/03/117790-R%C3%A9sultats.pdf>.

Le regard des Français sur l'ascenseur social. Sondage Ifop pour l'Institut Sapiens et l'Institut Télémaque. *Institutsapiens.fr*, 12 juin 2019. [En ligne]. URL : <https://www.institutsapiens.fr/sondage-sur-le-regard-des-francais-sur-lascenseur-social/>.

Les Français et la lecture. Enquête Ipsos pour le Centre national du livre. *Centrenationaldulivre.fr*, 30 mars 2021. [En ligne]. URL : <https://centrenationaldulivre.fr/donnees-cles/les-francais-et-la-lecture-en-2021>.

Le Tellier, Hervé. *L'anomalie*. Paris : Gallimard, 2020.

Lévy, Jacques, Póvoas, Ana, Piantoni, Sébastien, Richelle, Justine. La carte du vote américain révèle deux mondes que tout sépare et qui se trouvent, plus encore qu'en 2016, face à face. *Le Monde.fr*, 7 novembre 2020. [En ligne]. URL : <https://www.lemonde.fr/idees/article/2020/11/07/l-election-americaine-de-2020-montre-une-radicalisation-des-antinomies-dans-les-tetes-et-dans-les-lieux_6058865_3232.html>.

Madeline, Béatrice. Reconversions, démissions, lassitude… L'inconnue du retour dans l'entreprise des salariés en chômage partiel. *Le Monde*, 17 février 2021.

—. Épargne : un surplus de 200 milliards d'euros d'ici à fin 2021. *Lemonde.fr*, 10 mars 2021. [En ligne]. URL : <https://www.lemonde.fr/economie/article/2021/03/10/epargne-un-surplus-de-200-milliards-d-euros-d-ici-a-fin-2021_6072566_3234.html>.

Marié, Michel, Allal, Tewfik, Buffard, Jean-Pierre. *Situations migratoires - ou la fonction-miroir*. Paris : Galilée, 1976.

Marié, Michel, Viard, Jean. *La campagne inventée*. Arles : Actes-Sud, 1978.

Maviel, Nicolas. Paris perd des habitants : les raisons d'un exode. *Leparisien.fr*, 4 janvier 2019. [En ligne]. URL : <https://www.leparisien.fr/paris-75/les-parisiens-quittent-paris-les-raisons-d-un-exode-04-01-2019-7981140.php>.

Ministère de la Transition écologique. La France au xxie siècle, rapport établi sous la direction de Jean Jouzel, 2011-2015. *Drias-climat.fr*, s.d. [En ligne]. URL : <http://www.drias-climat.fr/accompagnement/sections/182>.

—. Le vélo, un mode de déplacement vertueux et avantageux. *Ecologie.gouv.fr*, 9 mars 2021. [En ligne]. URL : <https://www.ecologie.gouv.fr/velo-et-marche>.

Ministère de l'Éducation nationale. Le budget et les finances du système éducatif. *Education.gouv.fr*, mars 2020. [En ligne]. URL : <https://www.education.gouv.fr/le-budget-et-les-finances-du-systeme-educatif-89252>.

Morin, Chloé. *Le populisme au secours de la démocratie*. Paris : Gallimard, 2021.

Nouveau record de surface pour la forêt française. *Euractiv.fr*, 17 janvier 2020. [En ligne]. URL : <https://www.euractiv.fr/section/agriculture-alimentation/news/nouveau-record-de-surface-pour-la-foret-francaise/>.

Pas d'effet baby-boom après le confinement : en janvier, les naissances ont chuté de 13 % en France. *Midilibre.fr*, 26 février 2021. [En ligne]. URL : <https://www.midilibre.fr/2021/02/26/pas-deffet-baby-boom-apres-le-confinement-en-janvier-les-naissances-ont-chute-de-13-en-france-9396300.php>.

Peghaire, Cécile. L'indice du coworking 2019 : une forte croissance tirée par de grands acteurs. *Bureauxapartager.com*, 16 décembre 2019. [En ligne]. URL : <https://www.bureauxapartager.com/blog/indice-du-coworking-2019/>.

Première estimation provisoire du nombre de décès en 2020. *Insee.fr*, 15 janvier 2021. [En ligne]. URL : <https://www.insee.fr/fr/information/5013803>.

Prêts garantis par l'État : 130 milliards d'euros ont été distribués aux entreprises en 2020. *Lopinion.fr*, 26 décembre 2020. [En ligne]. URL : <https://www.lopinion.fr/edition/economie/prets-garantis-l-etat-130-milliards-d-euros-ont-ete-distribues-aux-232446>.

Quel est le poids d'Amazon en France ?. *Capital.fr*, 3 novembre 2020. [En ligne]. URL : <https://www.capital.fr/entreprises-marches/quel-est-le-poids-damazon-en-france-1384912>.

Restos du cœur : un bénéficiaire sur deux a moins de 25 ans. *Lci.fr*, 6 mars 2021. [En ligne]. URL : <https://www.lci.fr/societe/video-restos-du-coeur-un-beneficiaire-sur-deux-a-moins-de-25-ans-2180048.html>.

Retour partiel des mouvements de population avec le déconfinement. *Insee analyses* n° 54, 22 juillet 2020. [En ligne]. URL : <https://www.insee.fr/fr/statistiques/4635407#titre-bloc-7>.

Sassen, Saskia. *La ville globale : New York, Londres, Tokyo*. Paris : Descartes, 1996 [1991].

Seddik, Youssef. *L'arrivant du soir : cet islam de lumière qui peine à devenir*. La Tour-d'Aigues : l'Aube, 2007.

Seux, Dominique. Tech : la France dans la course ?. *Franceinter.fr*, 6 avril 2021. [En ligne]. URL : <https://www.franceinter.fr/emissions/l-edito-eco/l-edito-eco-06-avril-2021>.

Stirner, Max. *L'Unique et sa propriété*. Lausanne : L'Âge d'homme, 1972 [1844].

Stora, Benjamin. *Les questions mémorielles portant sur la colonisation et la guerre d'Algérie*. Rapport au président de la République, 20 janvier 2021. [En ligne]. URL : <https://www.elysee.fr/admin/upload/default/0001/09/0586b6b0ef1c2fc2540589c6d56a1ae63a65d97c.pdf>.

Surface agricole utile. *Actu-environnement.com*, s.d. [En ligne]. URL : <https://www.actu-environnement.com/ae/dictionnaire_environnement/definition/surface_agricole_utile.php4>.

Tison, Erwan, Larher, Yann-Maël, Cappelletti, Laurent, Calmels, Dominique. Quel avenir pour le télétravail ? Pérenniser et sécuriser une pratique d'avenir. *Institutsapiens.fr*, 15 mars 2021. [En ligne]. URL : <https://www.institutsapiens.fr/wp-content/uploads/2021/03/Quel-avenir-pour-le-télétravail.pdf/>.

Tomaz, Carolina. Quelle maison pour demain ? À l'ère du Covid, de nouvelles valeurs. *Ladn.eu*, 11 décembre 2020. [En ligne]. URL : <https://www.ladn.eu/nouveaux-usages/

quelle-maison-demain-ere-covid-nouvelles-valeurs/>.

Torga, Miguel. *L'universel, c'est le local moins les murs*. Conférence prononcée au Brésil en 1954. Paris : Gallimard, 2010.

Tosseri, Olivier. Les navires de croisière bannis du centre de Venise. *Lesechos.fr*, 27 mars, 2021. [En ligne]. URL : <https://www.lesechos.fr/idees-debats/editos-analyses/les-navires-de-croisieres-bannis-du-centre-de-venise-1302116>.

Untersinger, Martin. 2020. Confinement : plus d'un million de Franciliens ont quitté la région parisienne en une semaine. *Lemonde.fr*, 26 mars. [En ligne]. URL : <https://www.lemonde.fr/pixels/article/2020/03/26/confinement-plus-d-un-million-de-franciliens-ont-quitte-la-region-parisienne-en-une-semaine_6034568_4408996.html>.

Viard, Jean. *La société d'archipel*. La Tour d'Aigues : l'Aube, 1994.

—. *Le sacre du temps libre, la société des trente-cinq heures*. La Tour d'Aigues : l'Aube, 2002.

—. *Un nouvel âge jeune ?*. La Tour d'Aigues : l'Aube, 2019.

—. *La page blanche*. La Tour d'Aigues : l'Aube, 2020.

Wargon, Emmanuelle. 2021. Déclaration sur les priorités de la politique du logement à l'Assemblée nationale, le 14 janvier 2021. *Vie-publique.fr*, 18 janvier. [En ligne]. URL : <https://www.vie-publique.fr/discours/278349-emmanuelle-wargon-14012021-priorites-de-la-politique-du-logement>.

Du même auteur

La campagne inventée, avec Michel Marié, Actes Sud, 1977

La dérive des territoires, Actes Sud, 1981

Penser les vacances, Actes Sud, 1984

Le tiers espace. Essai sur la nature, Méridiens-Klincksieck, 1990*

La société d'archipel, l'Aube, 1994

Marseille, une ville impossible, Payot, 1995

Au bonheur des campagnes, avec Bertrand Hervieu, l'Aube, 1996*

La France qui change : pourquoi les travailleurs votent FN, Seuil, 1997*

Court traité sur les vacances, les voyages et l'hospitalité des lieux, l'Aube, 2000

L'archipel paysan, la fin de la république agricole, avec Bertrand Hervieu, l'Aube, 2001*

Le sacre du temps libre, la société des trente-cinq heures, l'Aube, 2002

Le nouvel âge du politique, l'Aube, 2004*

Éloge de la mobilité. Essai sur le capital temps libre et la valeur travail, l'Aube, 2006*

Le Président a promis, dir., Seuil, 2007

Fragments d'identité française, l'Aube, 2009

Nouveau portrait de la France, l'Aube, 2012*

Jean Viard

La France dans le monde qui vient, l'Aube, 2013*
Marseille, le réveil violent d'une ville impossible, l'Aube, 2014
Toulon, ville discrète, l'Aube, 2014
Remettre le poireau à l'endroit ?, avec Jean Blaise, l'Aube, 2015
Le triomphe d'une utopie, l'Aube, 2015*
Le moment est venu de penser à l'avenir, l'Aube, 2016*
Quand la Méditerranée nous submerge, l'Aube, 2017*
Chronique française, de Mitterrand à Macron, l'Aube, 2018
Une société si vivante, l'Aube, 2018*
L'implosion démocratique, l'Aube, 2019*
Un nouvel âge jeune ? (avec la Fondation Jean-Jaurès), l'Aube, 2019
Le sacre de la terre, avec Michel Marié et Bertrand Hervieu, l'Aube, 2020
La page blanche, l'Aube, 2020

* Également disponible aux éditions de l'Aube en format poche ou semi-poche

Table des matières

Reconnue d'utilité publique dès sa création, la Fondation Jean-Jaurès est la première des fondations politiques françaises. Indépendante, européenne et sociale-démocrate, elle se veut depuis vingt-cinq ans un lieu de réflexion, de dialogue et d'anticipation. Les partenariats éditoriaux qu'elle engage répondent à l'ambition de faire naître analyses pertinentes et propositions audacieuses, mais aussi de mettre cette production intellectuelle et politique au service de tous. Gilles Finchelstein et Laurent Cohen sont directeurs des publications de la Fondation Jean-Jaurès.

Retrouvez notre catalogue sur
www.editionsdelaube.com

La Clairière des LIVRES

Pour chaque titre d'un livre imprimé, un arbre est planté dans une forêt de 15 hectares en Centre Bretagne.

www.typolibris.fr (by Printcorp)

Pour limiter l'empreinte environnementale de leurs livres, les éditions de l'Aube font le choix de papiers issus de forêts durablement gérées et de sources contrôlées.

Achevé d'imprimer en avril 2021
par l'imprimerie Printcorp
pour le compte des éditions de l'Aube
331, rue Amédée-Giniès,
F-84240 La Tour d'Aigues

Numéro d'édition : 4365
Dépôt légal : mai 2021
Numéro d'impression : 21040062

Imprimé en Europe